U0828846

## 编委会

（按姓氏笔画为序）

**主　编**

陆玉方

**副主编**

叶正亭　涂海燕

**编　务**

叶志明　吴建伟　怀　念

姚建萍　龚　平　崔　冰

**编　辑**

吴越晨　潘振亮

**文字统筹**

张　雷

# 苏州民间文艺家列卷

## 第二卷

苏州市文学艺术界联合会
苏州市民间文艺家协会
编

古吴轩出版社

图书在版编目（CIP）数据

苏州民间文艺家列卷. 第二卷 / 苏州市文学艺术界联合会，苏州市民间文艺家协会编. -- 苏州：古吴轩出版社，2020.12

ISBN 978-7-5546-1681-9

Ⅰ. ①苏… Ⅱ. ①苏… ②苏… Ⅲ. ①民间工艺—艺术家—生平事迹—江苏 Ⅳ. ①K825.72

中国版本图书馆CIP数据核字（2020）第257715号

责任编辑：俞　都
见习编辑：胡　玥
责任校对：徐小良　万海娟
装帧设计：周　丹

书　　名：苏州民间文艺家列卷・第二卷
编　　者：苏州市文学艺术界联合会　苏州市民间文艺家协会
出版发行：古吴轩出版社
地址：苏州市八达街118号新闻大厦30F　邮编：215123
电话：0512-65233679　传真：0512-65220750
出 版 人：尹剑峰
印　　刷：苏州市越洋印刷有限公司
开　　本：700 × 1000　1/16
印　　张：15
字　　数：180千
版　　次：2020年12月第1版　第1次印刷
书　　号：ISBN 978-7-5546-1681-9
定　　价：66.00元

如有印装质量问题，请与印刷厂联系。0512-68180628

# 序

文/叶正亭

苏州是一座优秀的中国历史文化名城。说她优秀，是因为她有深厚的文化底蕴。这种文化孕育了多少中华英才，这种文化具象化成园林、建筑，气化成昆曲、评弹，物化成一件件“苏作”“苏工”精品力作。

翻开中国的文化史、工艺史，有多少页写的是苏州，有多少艺术品被冠以“苏”字头、“吴”字头。刺绣叫“苏绣”，玉雕称“苏作”，明代家具谓“苏工”，裱画为“苏裱”，灯彩是“苏灯”，吴门画派、吴门印派、吴门书派、吴门医派……历史上的苏州人创造了那么多辉煌的文化、经典的工艺。苏州这座城，最优秀的是人，是才华横溢的英才，是心灵手巧的工匠，他们把“苏”擦得铮亮，他们让“吴”流芳百世。

历史是一代一代的人创造的。话说“苏作”“苏工”，人们似乎更多地追忆蒯祥、陆子冈、沈寿的风采，那些似乎是明代的骄傲、清代的辉煌。其实不然，苏州文化人、苏州工匠们，没有在前人的功劳簿上“睡大觉”，他们站在前人肩膀上，站得更高，看得更远，做得更实。他们把带有时代印记的作品留在了中华大地，甚至走出国门，把中华文化传播到世界各地。

新中国诞生后，党的阳光雨露滋养起来的一代苏州工匠做得怎么样？历史将追问于此，我们民间文艺家协会有责任将此记录。

为当代苏州的民间文艺家做记录，这是本届苏州民间文艺家协会要做的一件实事工程，经过了两年筹备，花了三年时间完成。本书所记录的对象由苏州大市范围内中国民间文艺山花奖（以下简称“山花奖”）获得者、国家级非物质文化遗产代表性项目（以下简称“国家级非遗项目”）代表性传承人、中国工艺美术大师以及部分在各领域内具有代表性或有杰出贡献的江苏省非物质文化遗产代表性项目（以下简称“省级非遗项目”）代表性传承人、江苏省工艺美术大师、中国民间文艺家协会会员组成，共录选一百位有一定代表性的苏州民间文艺家。门类涉及织绣、雕刻、苏派盆景、苏灯、苏裱、苏作家具、苏扇、桃花坞木版年画、御窑金砖、剧装戏具、剪纸、金银首饰、麦秸画等三十余个艺种。本书的记录由本届苏州民间文艺家协会主席团成员亲自担纲，成员与录选对象一一对接，以问答形式，让每位入选者直接讲述各自的从艺起点、师承关系、从事艺种的历史及在苏州的传承发展与创新。初稿完成后聘请本会顾问张雷老师统稿润色，本书的文稿可读性较强，部分精美图片由祁金平拍摄提供。

这是一项开创性工作，由于我们水平不一，书中难免存在种种瑕疵，或者还有不少谬误，敬请广大读者，尤其是苏州的民间文艺家们见谅！

# 目录

**封明君** 国家级非遗（民族乐器制作）代表性传承人

# 弦上春秋

## ——对话国家级非遗民族乐器制作技艺代表性传承人封明君

文/怀念

怀：请问您的从艺起点和师承关系？

封：我原籍浙江杭州，1936年生，于1947年（12岁）进苏州中国乐器社学习民族乐器制作；师承我国著名民族乐器制作大师吕伟康先生，学习民族乐器制作技艺。

怀：请问您所从事艺种的历史及在苏州的发展？

封：中国乐器制作的历史已达3000多年，公元前207年，即东周时期，已有乐器80多种。《诗经》上记载：有笙、琴、瑟、管、钟、鼓等25种乐器。在《管子》一书中记载了三分损益、五度相生的律制。汉唐时代，又增加了一些少数民族乐器和西域乐器，如琵琶、铙钹、锣、筝等。清代，苏州成为江浙一带乐器的主要产地，苏州乐器店于清嘉庆二年（1797）成立了行会。1951年，苏州成立乐器同业工会和乐器联销处。1954年，政府把分散在民间的民族乐器制作艺人组织起来，成立苏州乐器生产合作社。1956年，成立苏州乐器厂。改革开放后，苏州民族乐器一厂由封明君，1936年生，浙江杭州人。工艺美术师。2012年被认定为第四批国家级非物质文化遗产项目（苏州民族乐器制作技艺）代表性传承人。1947年进苏州中国乐器社，师从我国著名民族乐器制作大师吕伟康，学习民族乐器制作技艺。后进苏州民族乐器一厂工作，擅长二胡、古筝制作和少数民族乐器制作。他所制作的红木专业二胡曾获得1984年国家质量银质奖。21弦古筝被轻工业部评为优质产品。1995年赴新加坡进行民族乐器制作表演，成为中国到国外表演民族乐器制作第一人。2002年成立民族乐器（二胡）名师工作室。现为苏州民族乐器一厂有限公司技术顾问。

原来的大集体企业，改制成股份制，组建了苏州民族乐器一厂有限公司。

怀：请谈谈您在民族乐器技艺传承、发展、创新方面的主要业绩与贡献。

封：我1954年随师傅进入苏州乐器生产合作社。1958年进苏州民族乐器一厂从事民族乐器的制作和改革工作。1995年赴新加坡进行民族乐器制作表演，是中国到国外进行民族乐器制作表演第一人。1996年退休后被聘为苏州民族乐器一厂有限公司技术顾问。2002年在苏州市委、市政府各部门的支持下，成立了民族乐器（二胡）名师工作室，集70多年的民族乐器制作、改革经验，致力于苏州民族乐器制作技艺的保护、传承工作，所带（指导）学徒现都成了苏州民族乐器制作技艺的佼佼者，成为保护、传承民族乐器的新生代。

怀：请问您的获奖作品或代表作有哪些？

封：我一辈子致力于民族拉弦乐器、弹拨乐器的制作实践，尤以制作二胡和古筝见长，对不同质地、厚薄的皮膜和不同纹理、质地、部位的铜板对乐器的发音效果的影响进行深入的分析和研究，经

工作中的封明君

改进的二胡得到了诸多名家的赞许。先后研制了板膜、皮膜大三弦，坠子，大雷（单弦雷琴），革胡，转调扬琴，琵琶以及藏族乐器根卡，新疆乐器热瓦甫、爱尔捷等。作品《红木专业二胡》于 1984 年获得国家质量银质奖，《21 弦古筝》被轻工业部评为优质产品。

怀：请问您所获职称、荣誉称号？

封：著名二胡制作师、工艺美术师、江苏省工艺美术学会会员、江苏省乐器学会会员、国家级非物质文化遗产项目（苏州民族乐器制

中阮

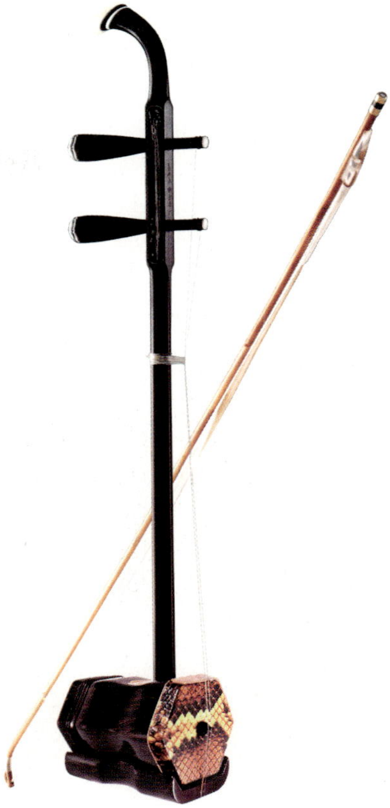

二胡

作技艺）代表性传承人。

怀：请谈谈您对民族乐器制作技艺的想法。

封：我们要清醒地看到，现在所生产的每一种民族乐器，都是经过几百年甚至数千年逐渐形成的，如果这些乐器种类在我们这一代失传、消亡，我们就会成为历史罪人。所以，我们要更好地保护、传承、创新，与时俱进，跟上时代，使我国的民族乐器在新时代中演奏出更新、更美、更好的乐章。

王嘉良（苏州缂丝）

系祖传第五代传人

# 古艺缂丝代代传

## ——对话缂丝第五代传人王嘉良

文／崔冰

崔：王老师，请您谈谈您的从艺起点、经历。

王：我 1955 年随父进苏州刺绣工艺美术合作社，其后“进步变速”，缂丝技术日臻成熟。1974 年后应浙江省德清市、江苏省东台市邀请，被聘请为缂丝技术指导。1979 年进吴县缂丝总厂，任技术指导、车间主任和缂丝研究室副主任。

崔：请谈谈您的师承关系。

王：我 1939 年 10 月出生于江苏苏州陆墓（今相城区元和街道）西张花村的缂丝世家王新亭家庭。师从父亲王茂仙，系缂丝第五代传人。我受世代缂丝家庭的熏陶，自幼就喜爱上缂丝这门手艺，从小就会上机操梭。我们西张花村可称为缂丝的发祥地，家家有织机，人人善缂丝。村中名家辈出，供职于宫廷和苏州织造府的不乏其人。元和地区自宋沈子蕃起，到晚清王金亭、王新亭、王锦亭，再到近代的沈金水、王茂仙、张玉明、徐祥山等高手，缂丝传人辈出，传承缂丝技艺，为弘扬祖国的优秀文化做出了贡献。

《三异祝寿图》

崔：王老师，您从艺 60 多年，可否谈谈所从事艺种的历史及在苏州的发展？

王：纵观古今，缂丝堪称中国传统织造工艺中的一朵奇葩。它以“通经断纬”的手法，所完成的丝织品具有极高的艺术价值和观赏价值，因织造过程极为烦琐，耗时耗力，宋元以来一直属于皇家御用品，素有“一寸缂丝一寸金”的说法。也正因为其复杂的工艺，这一“织中圣品”正逐渐式微，濒临失传。而出身缂丝世家的我，一直致力于缂丝工艺的传承与发展，让这门珍贵的技艺得以幸存于世。若要往前追溯王氏与缂丝的渊源，还得从明清两代的缂丝生产说起。从明万历年间至清康乾时期，江南的丝织业被朝廷牢牢控制，缂丝也就成为皇权的象征。我的先祖王金亭，便是一位清廷匠师，技艺精湛，专做宫廷龙袍补子等缂丝。在皇权时代，这自然被当作一门光耀门楣的手艺，要一代代传下去。第二代缂丝传人王新亭，出生于陆墓西张花村沈恩桥，子承父业，成长为新一代宫廷匠师，并为慈禧太后缂制八仙庆寿袍料和霞帔等王嘉良，1939年生，苏州人。民间工艺家。出身于苏州缂丝世家王新亭家庭。自幼喜爱缂丝艺术，系祖传第五代传人。后建立王嘉良缂丝世家工作室。1982年缂丝三星图荣获江苏省工艺美术精品百花奖；2003年缂丝祝寿图在苏州市第二届民间艺术节上获得金奖；2004年缂织的圆圆被作为第二十八届世界遗产大会吉祥物；2006年为北京故宫博物院成功复制的仿清缂丝龙袍荣获第三届中国民间二艺博览会及第十三届艺术博览会金奖等。2012年与儿子王建江又『复活』了清代乾隆缂金十二章龙袍，受到北京首都博物馆和中国社科院专家们的高度评价，为苏州缂丝赢得了荣誉。

制品。王家缂丝，首先代表的是一种光荣，是一份为皇家服务的殊荣；此后发展到现在的第五代，代表的是一种传统技艺的传承，一种传统文化的发展，也是一种民族精神的延续。

当今，政府和有关部门虽然对缂丝的传承和保护做了大量工作，但宣传力度不够，知道缂丝的人寥寥无几。由于工艺的限制，缂丝生产周期长，成本高，成品价格昂贵，大部分人不去问津。所以，缂丝的传承、保护工作还要花大力气，加大缂丝的宣传力度，扩大缂丝的知名度，从而使“国宝”世代相传。

崔：王老师，再请您谈谈您在所从事工艺的传承、发展、创新方面的主要业绩与贡献。

王：2006年，我带领工作室团队成功为首都博物馆复制明万历黄缂丝《十二章福寿如意衮服》；2010年，工作室与中国社科院考古研究所文化遗产保护研究中心协商共同成立“中国社会科学院考古研究所文化遗产保护研究苏州基地”；2012年，我带领缂丝工

《十二章福寿如意衮服》

作室团队不断开拓进取，成功为首都博物馆复制馆藏清乾隆《缂金十二章龙袍》，经首都博物馆、社会科学院历史研究所、社会科学院考古研究所等多家单位专家验收合格，签收验收报告，复制件已入藏首都博物馆，并已展览；2013 年 6 月，我前往北京参加“平安故宫”工程院藏文物抢救性科技修复保护合作项目。

崔：请谈谈您的获奖作品或代表作。

王：1982 年缂制的《三星图》获江苏省工艺美术精品百花奖。1985 年 3 月，缂制品《耶稣》获吴县工艺美术服装学会和吴县工艺美术学会等创作设计奖。同年,《蝴蝶缂丝图》获苏州市美术工艺公司四新产品二等奖。1986 年，受省丝绸进口公司的委托，研究缂丝产品“拉挂”立体画面获得成功。2002 年，缂丝《三异祝寿图》获苏州市第一届民间艺术节金奖。2004 年，在苏州市第三届民间艺术节上,《蝴蝶牡丹图》获一等奖。2006 年，缂丝作品《仿清缂丝龙袍》荣获第十三届艺术博览会金奖。

钱小萍 国家级非遗（宋锦）代表性传承人

# 真情爱宋锦　宋锦写人生

## ——对话国家级非遗宋锦代表性传承人钱小萍

文／龚平

龚：钱老师好！认识您三十多年了，但您的丝绸生涯我还是断断续续地了解到的，请您详细谈一下吧。

钱：1954 年，我 15 岁时考入浒墅关蚕丝学校丝织专业，这所学校后并入苏州丝绸工学院，1997 年又并入苏州大学。三年后，我以优异的成绩毕业，进入苏州丝绸研究所，成为当时所里年纪最小的从专业学校毕业的设计人员，跟着老师傅学设计、学工艺，业余时间学美术、学英语，勤奋上进的我业务水平提高得很快。1973 年，我调到苏州丝织试样厂专门从事丝绸织物设计和工艺研究。1981 年，我开始筹备成立苏州丝绸博物馆，用来挖掘、保护和弘扬传统丝绸文化。经过艰辛努力，中国第一所丝绸专业博物馆——苏州丝绸博物馆，于 1989 年建成开放。1995 年，我成立了中国织绣文物复制中心。2005 年，我正式退休，成立了钱小萍古丝绸复制研究所，重点致力于宋锦技艺的挖掘和传承。

钱小萍，女，1939年生，苏州人。第一批国家级非物质文化遗产项目（宋锦）代表性传承人。全国人民代表大会第六、七、八届代表，国家级有突出贡献的中青年专家，享受国务院政府特殊津贴，获得全国茧丝绸行业终身成就奖，教授级高级工程师。代表作品有宋锦巨作《西方极乐世界》、《宋锦唐卡》等。还先后成功复制宋、明、清等时期的宋锦文物精品。2005年撰写的宋锦结构和制作工艺文稿被列入《中国传统工艺全集：丝绸织染》，获新闻出版总署优秀出版物大奖。曾先后任苏州丝绸博物馆馆长、苏州中国织绣文物复制中心主任。

龚：请谈谈您在丝绸织物工艺，特别是宋锦技艺的传承、发展方面的主要业绩与贡献。

钱：我参加工作后的前三十多年重点是进行丝绸新产品的设计和研究，后三十多年则着重于古代织锦的复制和研究。在前三十年，我分析了数以千计的丝绸织物，设计了莹波纱、花绒绸、凤羽绡、浪花绉等许多风格独特的丝绸新产品，畅销国内外，并屡次获得国家级奖项。其中花绒绸更是成为20世纪70年代、80年代新娘们的必选礼服面料。1974至1978年，我与上海胸科医院合作，成功发明了我国第二代纺织人造血管。

后三十年，我的工作重点是对古代织锦的复制和研究。其实早在1966年，我就埋下了传承宋锦的种子。那年，我与研究所的胡芸被派往苏州宋锦厂担任设计工作。宋锦独特的结构、精致优雅的风格深深吸引了我。当时宋锦的传统手工生产已经式微，以机械动力织机为主。我对各类宋锦织物做了详细的分析和记录，并设计了一些新的宋锦品种。到20世纪90年代末，整个丝绸行业市场萎缩，宋锦技艺的传承，更随着设备资料和手工艺人的散失而落寞。我出于强烈的责任感和事业心，先后走访调研、收集资料，带领学生从宋锦的结构、工艺及装造分析着手，一步一步地

五彩翟鸟纹宋锦皇后服

进行宋锦织机的复原和宋锦文物的复制，开始对宋锦的挖掘、抢救和保护。2006年成立古丝绸复制研究所后，更是全心致力于宋锦的挖掘、保护和传承。先后复制了球路灵鹫纹锦、花卉盘绦纹宋式锦、宝莲吉祥八达晕锦等宋锦文物精品，以及创作了《宋锦唐卡》等独幅纹样的宋锦艺术品，尤其是历时六年研制成功的宋锦巨作《西方极乐世界》，代表了宋锦织造技艺的最高水平。

龚：请谈谈您在宋锦传承方面的师承关系。

钱：我是新中国培养的第一批丝织专业毕业生。从1958年起师从金纯荣老师，参与了第一代尼龙人造血管的研制工作。我从1966年起对宋锦进行挖掘和研究，是当今丝绸领域，尤其在宋锦的理论和实践方面研究较早、较深的专业人员。

宋锦《西方极乐世界》研制件

我在 1986 年任苏州丝绸工学院兼职教授时，就带了首位研究生王国和，他现在是苏州大学纺织与服装工程学院教授、博士生导师。在苏州丝织试样厂期间，我收丁怀进、王晨等为学徒，后来他们也跟随我一起到丝绸博物馆从事古代丝绸技艺的复制研究，并成为馆领导。1995 年，我成立了中国织绣文物复制中心，收沈惠为学生，从织机装造到组织结构，手把手地教，她现在也是宋锦织造省级传承人。2006 年，我成立了钱小萍古丝绸复制研究所后，先后带了沈之娴、冯雨、周江、程志云等几位徒弟。

龚：请谈谈您的获奖项目和代表作。

钱：从 1988 年起，我就主持丝绸文物复制项目，也获得了不少奖项。1992 年，"古代丝织品复制研究" 项目获国家文物局科技进步三等奖。1996 年，"青海都兰热水出土唐代织锦复制研究" 项目获国家文物局科技进步一等奖。2009 年，"东周纺织织造技术的挖掘与展示——以出土纺织工品为例" 项目荣获国家文物局颁发的 "文物保护科学与技术创新奖" 二等奖。2006 年，我主编的《中国传统工艺全集：丝绸织染》获新闻出版总署优秀出版物大奖。

从宋锦作品来说，我刚才已经提到。特别要介绍的是历时六年研制完成的宋锦巨作《西方极乐世界》，高 3.86 米，宽 1.72 米，以阿弥陀佛为中心，安排了 278 位神态各异的人物像，佛光放射、祥云缭绕，宫殿巍峨、规模宏大。整幅作品色彩丰富、织纹细腻、富丽堂皇，是我宋锦作品中的代表作。

龚：您从事丝绸技术研究和实践已一个甲子了，获得了哪些荣誉？

钱：我是教授级高级工程师，曾任第六、七、八届全国人大代表。1988 年，被评为国家级有突出贡献的中青年专家；1992 年起，享受国务院政府特殊津贴；2007 年 6 月，被认定为第一批国家级非物质文化遗产（宋锦织造技艺）代表性传承人；同年，获得全国茧丝绸行业终身成就奖；2019 年，获中华人民共和国成立 70 周年纪念章。

宋锦《杨枝观音》

宋锦《百子嬉春图》

龚：您是一位专家型的国家级非遗项目代表性传承人，在著作方面也十分多产，能详细谈谈吗？

钱：早在1984年，我与两位同行合著的《丝织纹织》由纺织工业出版社出版。进入新世纪，我先后主编出版了《丝绸实用小百科》《中国传统工艺全集：丝绸织染》《中国宋锦》《中国织锦大全》《苏州丝绸志》等著作。

我还撰写了有关丝绸、织锦的学术论文50余篇，分别发表于《丝绸》《江苏丝绸》《纺织学报》《中国博物馆通讯》和《中国文化遗产》等专业刊物，并多次参加一些国家、省、市级学术研讨会交流。

王祖德 国家级非遗（桃花坞木版年画）代表性传承人

# 年画人生

## ——对话国家级非遗桃花坞木版年画代表性传承人王祖德

文/龚平

龚：王老师好！请谈谈您的桃花坞木版年画从艺生涯。

王：我 1941 年 2 月出生于上海市南汇县。1958 年高中毕业后，考入苏州工艺美术专科学校学习。1962 年毕业，进苏州工艺美术研究所桃花坞木刻年画研究组，从事年画创作工作。1964 年起，先后担任苏州桃花坞木刻年画社创作室主任，年画社副主任、副经理。2000 年，在苏州工艺美术职业技术学院装艺系任教。2002 年从苏州工艺美术职业技术学院退休后，继续在校任教于桃花坞年画专业，同时受聘于苏州市文广新局担任苏州桃花坞年画博物馆顾问。可以说，我从 1962 年苏州工艺美术专科学校毕业后，已经从事桃花坞木版年画创作和传承工作 60 年了。

龚：那您的师承关系呢？

王：我的养父张玉山是上海南汇地区的篆刻手艺人，我从小随父学艺，学习刻印和刻版技艺。考入苏王祖德，1941年生，上海南汇人。高级工艺美术师、江苏省工艺美术大师。2017年，被认定为第五批国家级非物质文化遗产项目桃花坞木版年画代表性传承人。从艺60多年，一直从事桃花坞木版年画创作设计工作。代表作品有哪吒闹海、送喜报、春暖花开、果熟时节、菱塘细雨等，作品多次在国内外展出并获奖。2001年，渔家书屋获得第六届全国年画展金奖。曾任苏州桃花坞木刻年画社创作设计室主任、副经理。

州工艺美术专科学校后，师从吴敉木、许十明和费新我等先生，学习工艺绘画，还系统学习了工艺美术理论。

20世纪80年代，我走上了领导岗位，担任了年画社副经理，为传承、发展年画事业，先后培养了9名艺徒。2000年以后，在苏州工艺美术职业技术学院装艺系任教，开设桃花坞年画专业课，并办了三期年画专研班培养接班人。同时，为普及桃花坞年画，分别在苏州图书馆、市科协市民课堂、苏州大学文正学院、南京艺术学院等单位作桃花坞年画的专题讲座或开设专业培训班。还受聘在桃花坞年画博物馆做辅导继承人工作。这期间我培养的继承人主要有乔兰蓉、孙一波和杜洋等，现在都已在桃花坞木版年画传承创新方面做出了一定的成绩。

龚：请您谈谈在桃花坞木版年画的保护、发展等方面的业绩和成就。

王：1962年从苏州工艺美术专科学校毕业后，我到工艺美术研究所桃花坞年画研究室和桃花坞年画社工作，重点从事桃花坞年画的研究和创作工作。一方面深入社会做调查研究，另一方面向老艺人学习传统技艺，从而全面地了解桃花坞年画的历史和技能，并积极创作。“文革”期间，顶着压力，四处呼吁，坚持创作，成立桃花坞年画小组。“文革”后，全力协助恢复年画社，并与大

《送喜报》

家抢救、整理传统年画作品 190 余件，组织创作新年画 150 余件，从而使年画社焕发了生机。

龚：请谈谈您的艺术风格和代表作。

王：我从事桃花坞年画的研究和创作 60 余年，对继承传统年画的特

《哪吒闹海》

色有较深的理解，并能借鉴其他姐妹艺术的特色，将之融入传统年画中，形成既有桃花坞年画的传统根基，又有较为鲜明的时代气息的民族民间艺术个性风格，创作了一大批作品，深得社会的认可。我的作品多次入选全国、省、市展览并获奖，也有的被选入赴欧美、东南亚各国展览，深受好评。如 :《风华正茂》(年画组画）入选全国双庆美展，并由中国美术馆和江苏省美术馆收藏；《苏州十景》《哪吒闹海》等年画入选中国年画展，赴欧美各国展览，由中国对外文委收藏，并获苏州市鲁迅文学艺术奖；《水乡新貌》（年画组画）入选桃花坞年画展，赴意大利、日本等国展览，并获轻工业部优秀创作奖和江苏省工艺美术百花奖；《农家乐组画》获全国首届风俗画大奖赛优秀奖证书；《花丛深处》赴日展出并被收藏；《春暖花开》《菱塘细雨》等年画入选中国年画展，赴韩国、日本和墨西哥等国家展览，并由中国展览公司收藏；《春到桃花坞》入选全国第三届年画展；《水乡姐妹搞科研》入选全国第四届年画展；2001 年，《渔家书屋》入选全国第六届年画展并获金奖。我的作品在国内外 50 余家出版社或报社出版、发表，如：《草原之春》（四季图）年画四幅，在《中国青年报》《儿童时代》发表，并由江苏省美术馆收藏；《三星高照》《日照山川》等年画作品分别由江苏人民美术出版社、江苏古籍出版社、古吴轩出版社等出版，向全国发行；《送喜报》《哪吒闹海》在《中国人民》上发表。我还参与编辑《苏州桃花坞木刻年画画册》。2008 年，我精心研制的复刻版清初期桃花坞年画代表作品《和气致祥》和《麻姑献寿》受到收藏者的青睐和高度评价。我还珍藏了苏州桃花坞木刻古版清末《花开富贵》墨线版一块，珍藏日本版《苏州版画》、台湾版《年画特刊》各一册，并收集有 200 多幅古今苏州桃花坞木刻年画。

龚：您一直从事桃花坞木版年画创作和传承工作，一定得到了不少荣誉吧？

王：2001 年，我被江苏省人民政府授予江苏省工艺美术大师称号；2017 年 12 月，被认定为国家级非物质文化遗产项目（桃花坞木版年画）代表性传承人。我的个人简历被编入《中国当代美术家名人录》。

余福臻 国家级非遗（苏绣）代表性传承人

# 苏绣『猫王』余福臻

## ——对话国家级非遗苏绣代表性传承人余福臻

文／龚平

龚：余老师好！您这辈子已经把一件事做到极致，这就是绣猫。请谈谈您的从艺经历。

余：1957 年，我初中毕业后报考到苏州工艺美术研究所举办的第一届刺绣专修班学习，从此走上刺绣的道路。当时，这个专修班是由李娥英老师主持的。四年半时间的学习，使我打下了扎实的基础，初步获得了绘画、造型、色彩等方面的知识，对理论与实践、绘画与刺绣的关系有了一定的认知与体会。从 1962 年至 1976 年，我在苏州刺绣研究所刺绣实验工场主要绣猫，同时还绣马、虎、兔等动物。1977 年至 1997 年，历任针法研究室副主任、主任，兼任实验工场绣猫技艺指导员。1980 年起，担任全所刺绣作品质量总检。退休后到 1999 年，受聘任中国苏绣艺术博物馆高级艺术顾问、艺术总监。2000 年，我建立了余福臻刺绣艺术工作室。

龚：我知道您师从顾文霞老师，请谈谈您的传承谱系。

余福臻，女，1942年生，苏州人。高级工艺美术师、中国工艺美术大师。2012年被认定为第四批国家级非物质文化遗产项目（苏绣）代表性传承人。师从顾文霞、曹克家。1962年进苏州刺绣研究所工作。作品以绣小猫和其他动物为主，素有『猫王』之称。代表作品有虚实乱针绣白底白猫头、黑底黑猫头，双面绣红叶白猫等。绣制的沙发双猫、三猫、八猫等绣品均为国家礼品。曾赴日本、美国等进行刺绣技艺交流。退休后，被聘为中国苏绣艺术博物馆高级艺术顾问。2000年创建余福臻刺绣艺术工作室。现为镇湖刺绣协会技术顾问。

余：是的。在第一届刺绣专修班毕业前一年，我被分配跟顾文霞老师专业学习绣猫。后来，我又以中国画猫大家曹克家为师学画猫。由此我懂得了画猫的原理与方法，悟出了刺绣与绘画的相通之处，以针代笔、以线代色，绣时就比较得心应手。1964年，在顾文霞老师的指导下，我试绣了以摄影为稿本的擦笔画的《藤圈双猫》，画面类似油画。那时，我初步接触了西洋画的光影原理和有关色彩透视等的画理，试图采用细绣针法来绣制这幅《藤圈双猫》，在色彩方面运用蓝色中嵌着绿色和黄色，更为绣品增色，使其呈现出理想的艺术效果。在刺绣实验工场，我还请教任嘒閒老师关于乱针用色、用针的经验，绣制了油画稿《彩色猫头》。这期间，我吸取各家之长，绣制了许多不同题材的小猫，使我在绣猫的艺术道路上得到了飞跃式的发展。

从传承谱系来说，顾文霞大师是我的老师，而我带的学生有在研究所时和到镇湖当顾问时两个阶段的。在我兼任刺绣实验工场绣猫技艺指导员期间，领导先后安排我指导从刺绣工场选拔出来的徐肖勤、蒋钰英和李瑶华三名学生学习绣猫技艺。我既严格要求又大胆放手，使她们的理论水平与技艺水平得到了同步提高，所绣作品都被评为研究所优秀作品。2001年，我受聘任镇湖刺绣协会技术顾问后，带了卢红卫、王丽华和濮菊英三名学生，根据她们不同的基础，教导她们绣制不同的作品，因材施教，为她们后来攀登艺术高峰打下了扎实的基础。现在，王丽华已是研究员级的高级工艺美术师，并被授予第五届江苏省工艺美术大师称号。

龚：您是以绣猫见长的，请谈谈您的艺术特色和主要业绩。

余：在长期的刺绣实践中，我一直以绣猫为主。比较擅长运用细绣、双面绣、双面三异绣和细乱针绣的刺绣技法绣猫。利用细绣排针紧密、色彩和顺、丝缕转折自如、线条粗细结合的特点，使绣制的作品既有“肉实感”，又毛丝柔顺、丝光洁净。在扎实的细绣基础上，我又以乱针绣分层加色，交叉加针，首创细、乱针结合绣猫法，既保持了苏绣原有的“平光齐匀”的特点，又融入了乱针绣线条活泼、色彩丰富的特色。

从1964年到1980年，我曾多次前往广州、北京、南京等地参加全国工艺美术展览会进行刺绣表演。1981年，我随江苏省工艺美术展览会赴日本参加刺绣操作表演。2005年2月，我和顾文霞老师的部分刺绣艺术品参加阿蒙·卡特博物馆举办的“手牵手”两位大师刺绣作品展览会，我还应邀进行刺绣表演。2009年1月，双面绣《大白猫》等参加在中国美术馆举办的“天工开物”中国工艺美术大展。2009年12月，虚实绣《小白狗》、单面绣《小黄猫》《沙发双猫》等参加澳门基金会主办的“点、线、面”国画、篆刻、刺绣作品展。2010年9月，绣品《藤拍白猫》《沙发双猫》、黑底《黑猫头》、白底《白猫头》《黑白侧身猫》和《泼墨写意猫》等参加苏州博物馆举办的“针夺天工”苏绣工艺大师艺术精品展。

龚：2015年苏州市非物质文化遗产馆筹备时，我们征集了您的代表作虚实绣白底《白猫头》和黑底《黑猫头》。请谈谈您的代表作和获奖作品，您还得到了哪些荣誉？

余：《白猫头》和《黑猫头》是我的代表作。白底《白猫头》是中

白底《白猫头》

国工艺美术大师周爱珍老师设计创作的。利用冷暖色调的微差变化，绣出受光部和背光部，在白底上表现白猫，一双澄蓝纯净的眼睛最为突出。这是虚实针的具象刻画与简练虚化结合的成功之作。黑底《黑猫头》在黑底上表现黑猫形象，选用墨青、墨绿、墨赭、墨灰等十套色相，以虚实针法绣制。我的代表作还有双面绣《白猫戏螳螂》，主要运用施针、套针等针法绣制而成。《沙发双猫》则运用细乱针结合绣的方法，形成了绣猫技艺

黑底《黑猫头》

领域中一个独特的流派。这些作品曾多次获奖并被作为国礼赠予其他国家领导人：双面绣《沙发双猫》荣获 1983 年江苏省科技创新展览会二等奖；虚实乱针绣《黑猫头》《白猫头》1988 年参加首届北京国际展览会，荣获苏绣精品金奖；1991 年，双面绣《黑底红叶白猫》荣获第二届北京国际展览会苏绣精品金奖；合作绣制的三异绣《松鼠葡萄》荣获 1982 年全国工艺美术金杯奖。

我绣制的双面绣《白猫戏螳螂》《波斯猫》《三猫图》《八猫图》等都曾分别被作为国礼赠予柬埔寨前国家元首西哈努克亲王，美国前总统尼克松、卡特，日本前首相田中角荣和英国女王伊丽莎白二世等，还有一些作品被国内外博物馆所收藏。

我是高级工艺美术师。2006 年，被授予中国工艺美术大师称号；2012 年 12 月，被认定为第四批国家级非物质文化遗产项目（苏绣）代表性传承人。

金梅泉 国家级非遗（御窑金砖）代表性传承人

# 御窑金砖世代相传

## ——对话国家级非遗苏州御窑金砖代表性传承人金梅泉

文/龚平

龚：金老师好！您是金砖世家出生，请谈谈您家的传承谱系和自己从事金砖制作的经历。

金：我是 1949 年 12 月出生在苏州市相城区陆墓镇御窑村的。从明永乐年间开始，我的祖辈们就一直为皇宫做金砖。从我太祖金祖明开始，我家就以烧制御窑金砖为业。我的太祖金祖明生于 1856 年，他 13 岁时开始学习金砖制造工艺，经过多年实践操作，对金砖的制造流程和工艺都非常熟悉，从选泥、练泥、制坯、装窑、烧窑、窨水到出窑，无不精通。他制作的金砖被同治皇帝用在了紫禁城内。曾祖金根木生于 1878 年，他也是 13 岁时就开始在太祖金祖明指导下学习金砖制作工艺。他制作的金砖同样被光绪皇帝用在了紫禁城内。祖父金云泉生于 1899 年，他是 14 岁时在曾祖金根木的影响下学习金砖制作工艺的。他制作的金砖也同样被铺进了紫禁城。我的父亲金兆文生于 1923 年，他也是 13 岁时就在祖父金云泉的影响下学习金砖的制作工艺，掌握金砖制作的全部流程。由于连年战争以及后来困难时期的影响，他所制作的金砖没有被运送到北京，这是我父亲这一代的遗憾。我也是 13 岁时在父亲金兆文的指导下学习金砖制作工艺的。可以说，我青年时期就在同辈人中出类拔萃了。父亲病逝后，我便挑起了大梁，1989 年担任了御窑砖瓦厂厂长。我从事金砖制作工作 50 余年。金砖的制作工艺非常烦琐，我从选泥、练泥、制坯、装窑、烧窑、窨水到出窑，每一道金砖制作工艺都烂熟于心。

龚：从您太祖到您，五代都是御窑金砖制砖能手，而且都是十三四岁就开始在父辈的指导下学习金砖制作技艺的。那这个传承谱系还能更好地继续传下去吗？

金：当然，御窑金砖制作技艺的传承不能在我这一代就断了。我的大女儿金瑾师范学校毕业后是做教师的，经过我多次的思想工作，她在 2006 年 2 月辞去教职工作，正式加入御窑金砖的传承队伍中来，成为金家的第六代传人，延续这百年传统技艺。她现在还在不断开拓探索，尝试引进搅拌机、练泥机、电窑、气窑等现代机械设备，减少人力，同时还开发了御窑金砖的衍生产品，如书法练习砖、仿古清供砖等，与时俱进，让苏州陆墓御窑金砖制作技艺充满活力地延续下去。

龚：我知道，您又把金砖铺进了紫禁城，也算了却了父亲的遗憾。请谈谈您在御窑金砖制作技艺传承发展方面获得的主要业绩。

金：是的。1980 年，北京故宫整修太和殿、中和殿、保和殿三大殿，内外地面重新采用了我们生产的御窑金砖总计 18 万方；2003 年，天安门大规模修缮，也采用了我们生产的御窑金砖 1.5 万多方。接着，我先后于 1995 年 10 月被邀请参加故宫博物院建院 70 周年庆典活动，于 2009 年 10 月被邀请参加中华人民共和国成立 60 周年庆祝活动。从 20 世纪 80 年代到现在，北京的天坛祈年殿、颐和园、北海公园、恭王府花园，以及美国纽约明轩和惜春园、新加坡蕴秀园都能见到御窑金砖的“身影”，上海城隍庙、普陀金梅泉，1949年出生在苏州陆墓，为御窑金砖制作技艺第五代传人，苏州市工艺美术大师。2007年被认定为第一批国家级非物质文化遗产项目（苏州御窑金砖制作技艺）代表性传承人。他自幼追随父亲金兆文学艺，从事金砖制作50余年，曾参与20世纪80年代末北京故宫修复『三大殿』使用的内外地面御窑金砖的制作，2003年指导组织北京天安门、北京天坛修缮使用的御窑金砖的生产。此外，还先后指导生产了为南京夫子庙，杭州灵隐寺，淮安周恩来纪念馆，苏州玄妙观、寒山寺等建筑修缮的御窑金砖。

山普济寺、杭州灵隐寺和苏州玄妙观、苏州寒山寺等古迹修复也都选用了我们的御窑金砖。可以说，我们生产的御窑金砖蜚声海内外。

2006年6月，苏州御窑金砖制作技艺被列入首批国家级非物质文化遗产代表性项目名录，苏州陆墓御窑金砖厂是唯一的项目保护单位。2013年1月，我们御窑金砖厂被公布为江苏省非物质文化遗产生产性保护示范基地。2018年2月1日，“故宫官式古建筑材料基地”挂牌成立。目前，我们厂生产的御窑金砖已被国家古建研究中心正式认定为我国古建筑中必用之材料，也被北京故宫博物院指定为修缮必需产品。

龚：御窑金砖制作技艺是我们苏州的一个特色，请您谈谈这个技艺的历史以及在苏州的发展。

金：陆墓御窑制砖源远流长，最早烧制古砖的确切时间虽不详，但自明清以来，苏州陆墓御窑制砖受到历代帝王的器重、为皇家御用却有明确的记载。据《中国文化遗珍丛书·苏州卷》记载：明朝永乐年间，明成祖朱棣迁都北京，大兴土木建造紫禁城。经苏州香山帮工匠的推荐，朝廷特地派出官员到苏州陆墓镇监制“金砖”。由于陆墓的黄泥适宜制坯做砖，而且烧砖工艺考究、烧制

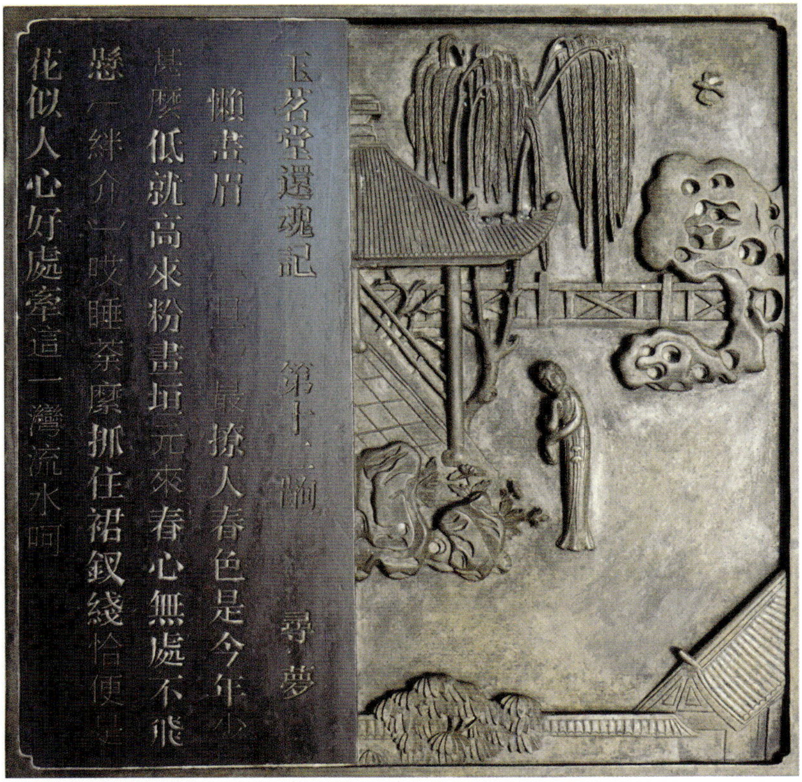


仿古清供金砖

有方、技艺独特，所烧制的“金砖”细腻坚硬，“敲之有声，断之无孔”，因此永乐皇帝赐封陆墓砖窑为“御窑”。据记载，当时有窑户六十三家。所谓“金砖”，实际上是规格为二尺二、二尺、一尺七见方的大型细料方砖的雅称。御窑金砖制作工艺非常繁复，至今依然沿袭着手工制作的传统。古老的金砖烧制工序多达二十九道，而一般的传统砖瓦制作技艺最多只有十余道工序，这也是御窑金砖的独特之处。

古法重制金砖

龚：请您谈谈您的获奖作品。

金：2013 年，《御窑金砖仿古清供》《御窑金砖书法练习砖》分别荣获中国（深圳）国际文化产业博览交易会“中国工艺美术文化创意奖”金奖、银奖。2014 年，御窑金砖《重制金砖出窑原砖》荣获首届中国（苏州）民间艺术博览会精品奖。

龚：您为了做好金砖，投入了诸多心血，一定得到了不少荣誉，请您谈一谈。

金：2007 年，我被认定为第一批国家级非物质文化遗产项目（苏州御窑金砖制作技艺）代表性传承人；2011 年 4 月，被授予苏州市民间工艺家称号；2014 年 7 月，被授予苏州市工艺美术大师称号。

朱文茜 国家级非遗（泥塑）代表性传承人

# 泥塑圣手朱文茜

## ——对话国家级非遗苏州泥塑代表性传承人朱文茜

文／怀念

怀：请谈谈您的从艺起点和转折点。

朱：我 1965 年进苏州工艺美术学校学习雕塑，次年与老师、同学一起参与了大型泥塑《收租院》和各届展览会雕塑的塑造工作，在社会实践中学到了许多泥塑的手法。后又去河南开封工艺美术厂，学习中国画的人物、花鸟、山水等的绘画技巧，为今后塑造传统泥塑打下了坚实的基础。

转折点是在 1979 年，我被招收进西园寺工作，修了“五百罗汉”等佛像；1981 年，我又上灵岩山塑造了一尊天冠弥勒像（现在还在），从此走上了塑造传统泥塑之路。

怀：请谈谈您的师承关系。

朱：1979 年，我到西园寺跟张永庆师傅学习修罗汉佛像；张师傅退休后，我就跟随西园寺彩绘四大金刚的刘国祥师傅学习彩绘佛像，因此学到了塑造传统塑佛、彩绘、装金等手艺。

泥塑《十五贯》人物像

怀：请谈谈您所从事艺种的历史及在苏州的发展。

朱：苏州泥塑历史悠久，尤其是神佛塑像，素有“苏帮泥塑”之美称。它与潮州浮洋泥塑、天津泥人张、无锡惠山泥人并称我国“四大泥塑”，闻名中外。苏州在梁朝就有众多寺庙，故有许多塑匠、艺人来到苏州。角直保圣寺有杨惠之的壁塑山水罗汉；东山紫金庵有宋朝的雷潮夫妇所塑的彩塑罗汉，后人皆以此为楷模学习苏帮泥塑的风格特点；而苏州西园寺在清末民国初年造的装金佛像，亦作为当今寺院佛家的规范而留存。“苏帮”泥塑注重彩绘，因受吴门画派的影响，所以图案精美、雅致。特别是罗汉，经过沥粉、贴金、彩绘，更加庄严、华丽，摄人心魄。我做的定慧寺罗汉、安养院壁塑和伽蓝寺的关公、文殊、普贤等都采用彩绘形式，这样才能体现出苏州泥塑的风采。另外，虎朱文茜，女，1949年生，苏州人。一级民间工艺美术家。从小喜爱绘画。1979年起，先后为苏州西园寺、寒山寺、灵岩山和定慧寺院修复、塑制佛像。塑造的紫砂观音、弥勒、济公、寒山拾得等一批佛教礼品被赠送给国外友人。塑真的肖像形神兼备，栩栩如生。经过多年的研究和摸索，终于『复活』了虎丘泥人。代表作品顽童一组被日本收藏，仿唐罗汉二尊被苏州佛教博物馆收藏。2018年，被认定为第五批国家级非物质文化遗产项目（苏州泥塑）代表性传承人。

丘泥人就是这些塑佛师傅在空余时间，在家做点小泥人拿去旅游景点卖，赚点小钱，由此而产生的。明末清初，苏州昆剧兴盛，做戏文泥塑的人多了。旅游业发展，也促进了虎丘泥人的发展。苏州泥塑以“图案丰富、高雅细腻”而著称，彩绘泥塑的特点尤其鲜明。一是它运用中国绘画与书法的线条作为一种造型手段，富有抽象性和概括性，是其他艺术形式所无法比拟的，与西方雕塑的艺术风格亦迥然不同；二是它的表现技法也多种多样，有圆雕、浮雕、悬雕、线刻、彩绘、贴金等，是多材料、多技法的统一体；三是它的色彩对比度、明亮度、饱和度都较高，使人赏心悦目。

怀：请谈谈您在从事工艺的传承、发展、创新方面的主要业绩与贡献。

朱：1979 年，我被招收进西园寺工作，跟张永庆、刘国祥等一大批修庙、修佛像的师傅学到了塑造传统泥塑和彩绘的方法及材料应用的要求。先后塑了寒山寺的玄奘像、鉴真像和其他塔里的佛像，定慧寺的彩塑罗汉、金刚等，佛教安养院的《西方三圣》《观世音菩萨的三十二应化身》和《大势至菩萨和净土宗十三祖师》的壁塑。通过自己的学习、实践和研究，恢复了虎丘泥人

《红楼梦》诗会人物像

即席捏像，塑造戏文人物、童子以及其他小泥人等的技艺，深受大家喜爱。

怀：请列举您所获职称、荣誉称号。

朱：苏州市工艺美术师、苏州市民间工艺美术家，被联合国教科文中国民间协会授予一级民间工艺美术家称号，被认定为第五批国家级非物质文化遗产项目（苏州泥塑）代表性传承人。

怀：请谈谈您对本行业的看法。

朱：苏州泥塑历史悠久，技艺独特。它继承了中华民族雕塑艺术的优良传统，具有浓郁的本土气息与鲜明的地域特色。苏州泥塑不仅是地方历史的见证，也是本土文化的象征，为后人提供了丰富又形象的史料，具有历史文物价值。虽然是泥塑的佛神像，

《西方三圣》脱胎漆像

但都要有历史、文化、宗教的背景，要有传统的艺术手法和讲究的门道，还要有艺术的感染力，才有留存于世的价值。对这所寺庙、这个地区、这座城市产生影响力，对旅游、对开放、对人文教育都有好处。至于小泥人，要有精气神，要有地域文化内涵，能反映风俗和历史。总体而言，本行业要塑造群众喜闻乐见的、积极向上的作品，让更多的作品活跃于世。

## 陆耀祖

国家级非遗（香山帮传统建筑营造技艺）代表性传承人

# 传统营造技艺的守护者

## ——对话国家级非遗香山帮传统建筑营造技艺代表性传承人陆耀祖

文／吴建伟

吴：我们都知道您是第一批国家级非物质文化遗产项目（香山帮传统建筑营造技艺）代表性传承人，您青年时期就跟随父亲学习传统建筑中的大木作、木装修等技艺，全面、熟练地掌握了木作技术以及一些濒临失传的传统工艺。请您谈谈您的从艺经历。

陆：国家级非物质文化遗产项目（香山帮传统建筑营造技艺）代表性传承人的殊荣应该是我父亲的，只可惜父亲在世的时候还没有这项评选。要谈我的从艺经历，我就是在香山帮古建筑浓浓的文化氛围中长大的。我出生在木作世家，又住在苏州香山一带，从小就受到不少熏陶。

16岁那年，我正式开始跟随父亲学习木作，砍、刨、锯、凿——木工的四样操作手艺，要练习至少3年才能上手。总共100多样工具，样样都得精通。学基本功每天都要做的事情就是在木头上画好线，再把多余的部分砍掉。当时，父亲在南京负责瞻园的项目，我就跟着父亲待在南京。

一个好的木工除了砍、刨、锯、凿四样操作手艺，还要学习技术上的管理，要善于思考、领悟。提高技术相对比较容易，花上几年多练练就行，但是木工的悟性和文化水平却能决定一件作品的艺术高度。学徒期间有大师带着非常重要，不仅是学技术，更是学“门道”。我父亲从13岁开始做木工，一直做到76岁，休息的时间十分少。记得有一次，父亲把塔刹木从下面穿上去，几十米的高度，操作起来很困难，父亲却娴熟地完成任务，让我从心底感到佩服，并且暗下决心，努力让自己成为像父亲一样的大师。我父亲曾说，顶级的木作大师干活的时候，别人一定能看得出来那是大师。不要以为木工没文化，我的太爷爷饱读经书，本事很大，是个非常有文化的大师。他设计的木结构都很合理、科学。我的祖父、曾祖父、叔祖父都有自己的工坊，在当地相当有名气。而到了民国以后，受外国建筑工程的冲击，中国古建筑落入低潮，很少有古建筑工程，但是我父亲的前辈都是顶级大师，有少量的古建还曾带着我父亲做。比如我父亲曾跟着姚建祥建造东山雕花楼，从此声名鹊起，30岁不到，就被称为“香山帮小辈英雄”。

吴：请谈谈您的作品。

陆：古典建筑中我最得意的作品应该是常州的文笔塔。1938年，日本侵占常州时用迫击炮炮击了文笔塔，使塔的木结构全都被烧光，但砖结构仍然保留着。20世纪80年代，由香港人刘国军和常州市政府共同出资修缮文笔塔。我们组建了100多人的团队，我父亲和另一个水作大师作为顾问，在项目建设过程中，我和父亲一起商讨，一起画图纸，在大家共同的努力下，经过一年多时间，我们完成了这一“沉睡”的古建筑的原样修复，受到领导和专家的好评。

2004年，中法双方商定在里尔市菲德尔特街歌剧院的主场建造一个仿上海豫园的湖心亭，作为中法文化交流的重要组成部分，这也是首座中国在海外建成的可分拆式古典建筑。由于法方要求不能损坏路面和原建筑的抗震结构、电路系统以及要有残疾人坡陆耀祖，1949年生，江苏苏州人。第一批国家级非物质文化遗产项目（香山帮传统建筑营造技艺）代表性传承人。曾任苏州园林发展股份有限公司总工程师、副总经理。20世纪70年代开始，相继承担虎丘盆景园修复、北塔公园一期工程、寒山寺复修等古建筑修复工程，得到了社会各界的一致肯定。还先后主持了美国兰苏园、法国湖心亭等的建造任务，向国外友人呈现了高超的中国古典木作工艺。积极培养古建筑技术工人逾百人，编写的古建筑工人技术鉴定规范，提升了古建筑工人的整体技术能力。

道、安全通道，且项目时间只有两个月，此项目要求高、难度大。我作为项目负责人，一开始就考虑到把湖心亭做成砖木结构，地面用混凝土，柱子用槽钢，瓦片用灰塑加上碳纤维，先在国内搭建，再分拆成一块块运往法国拼装。这座亭子不仅在中法文化节开幕时被作为主席台，而且还在开幕后成了表演中国节目、品茶的场所。中法文化节结束后，中方要拆除湖心亭，但遭到当地市民的强烈反对。于是，这座建筑就被永久地保留在了里尔原地，成为中国文化象征性的代表。对此，我们感到很自豪。

昊：您作为传统技艺的传承人，不仅继承和掌握了香山帮传统建筑营造技艺的各项要领，还为培养下一代香山帮传人而积极工作，请您谈谈。

陆：培育传承人有两种传统方法：一是由大师直接带徒弟，二是由已经出师的技师再带新的徒弟。带徒弟时，主要教授其木工等基本功以及古建筑建造和修复保护工作中的重点难点，徒弟积累了三五年的经验就可以出师。我一直关注人才的培养、技艺的传承和理论的研究。20 世纪 70 年代，我收了几位徒弟；80 年代后期，我又做社会培训，进学校讲课，教木工理论、操作技术，另外还培训高级技师。能将我一生的经验积累分享给更多的人，也是一

美国波特兰市兰苏园

件快乐的事情。我选择徒弟的标准之一是徒弟要聪明有悟性。在传承方面需要刻苦学习，不断进取，师傅要学，徒弟也要学。我从在乡镇企业负责工程到在苏州古典园林建筑有限公司担任副总经理，身份从技术人员向企业领导转变，30 多年一直没有离开国有企业，而我也在不断地学习、总结。我从 40 多岁开始，一直到退休，花了 18 年的时间写了一本《古建筑修建工程施工及验收规范》。此书的出版，填补了国家在这一方面的空白，也为香山帮传统建筑营造技艺留下了历史的记录。

许建平 国家级非遗（明式家具制作技艺）代表性传承人

# 传播·传承『苏式』家具

## ——对话国家级非遗明式家具制作技艺代表性传承人许建平

文／龚平

龚：许老师好！您是目前唯一的国家级非物质文化遗产明式家具制作技艺代表性传承人。请谈谈您的从艺经历。

许：我是1970届初中毕业，当时被分配到文教卫系统，后被调进苏州红木雕刻厂设计室工作。小时候，我住在三元坊一处四进的祖宅里。放学回家后我就会画画，最淘气的就是在轿厅内的白墙上涂鸦，大家都能看到我拙劣的四不像“壁画”作品，因此没少挨父亲的训斥与体罚。但他还时不时地夸几句我的画，这也算给了我一点精神安慰。后来，父母就让我跟着姨母学习中国工笔花鸟画。进红木雕刻厂设计室似乎圆了我儿时的涂鸦梦。1994年，我担任苏州红木雕刻厂设计室主任；2004年，我担任苏州红木雕刻厂有限公司设计室主任、总设计师、技术总监。

龚：您最近带了好几个徒弟，请谈谈您技艺师承方面的谱系。

许：1970年，我一进苏州红木雕刻厂设计室，就师许建平，1954年生，苏州人。江苏省工艺美术大师。1970年进苏州红木雕刻厂设计室。师从陆涵生大师的学生徐文达，学习古典家具设计。1994年任设计室主任。2004年任苏州红木雕刻厂有限公司设计室主任、总设计师、技术总监。曾承担中南海紫光阁总理会见厅雕龙背景地屏及迎宾地屏、苏州网师园红木雕刻花轿、南京近代史遗址博物馆洪秀全天朝王宫复原家具、长春伪满皇宫复原家具、杭州胡雪岩故居复原家具等重点项目的设计与监制。2009年被认定为第三批国家级非物质文化遗产项目（明式家具制作技艺）代表性传承人。

从徐文达老师学习古典家具设计，得到了徐文达老师与当时健在的中国工艺美术大师陆涵生老师的理论与设计技艺的传授。徐文达老师是陆涵生大师的学生，因此论辈分，陆涵生大师是我的师祖。

苏州红木雕刻厂改制后，我收倪美红为徒弟。她是我在美校古木班任专业老师时的学生，有一定的基础，来红木雕刻厂就跟我学习古典家具专业设计。最近这10多年，我又陆续收了一些民营红木家具厂的掌门人与技术骨干为徒。到2019年底，我在本地区共收了25个徒弟，外地的则有内蒙古2人、四川雅安2人、福建仙游1人、浙江宁波2人、湖南长沙1人。特别让我欣慰的是，由我指导的徒弟的作品亮相入门门槛极高的嘉德拍卖艺术中心，并得到高度的评价。

龚：请谈谈明式家具制作技艺作为国家级非物质文化遗产代表性项目的历史及在苏州的发展。

许：明代中叶以来，以苏州为中心的江南地区，是一个文人雅士、能工巧匠汇聚之地，家具的造型、制作从美学的角度与制作的技艺来说，都得益于文人与工匠的相佐相存，被注入了美学与人体工程学的元素。明式家具上，雕饰纹样大都采用比较清秀、简洁的

老红木拐子纹条桌（仿故宫藏品），苏州市非遗馆收藏

图案，无不渗透着江南之雅，体现了其独特的韵味。因此以苏州为中心的江南地区生产的明式家具最具代表性，明式家具也被称为“苏式家具”或“苏作家具”。虽然继明式家具之后在中国家具史上别开生面的是清式家具，但苏南地区一直传承着明式家具的制作技艺与造型。

龚：请谈谈您在所从事行业的发展、创新等方面取得的艺术成就。

许：首先，我在明式家具的设计实践中严格遵循明代家具造型与结构的科学设计法则，能专业地进行设计、分类与定位，并在用料的选材、尺寸、结构方面制定出合理的规则。其次，传承不是对照着图样依葫芦画瓢，而是要精确掌握时代的元素，创新而不脱离其本质。我在实践中就沿袭明代家具的线型并对之进行创新，设计出逆角四阳线双平底、芝麻梗双平底三阳线、双竹片浑平底双阳线等近十类线型，在讲究简洁的同时把线型的精细程度做到极致，在传统家具造型应用中就取得了很好的效果，现已在创新的明式家具制作中广泛应用。1987 年设计的中国古典厅堂套 /17 件红木家具获香港中国艺术家具展金奖。1991 年的作品微型明式家具套 /17 件获中国明式家具学会明式家具展优秀设计奖。

我一直认为：定标准而有序操作是明式家具达到完美的保障，对每一件家具的制作都应十分严格地规范操作。我参与主持制定的《苏作红木家具团体标准》已于 2018 年 8 月发布实施。我有一个设想：参与起草这一标准的厂家都在自己的展示场地放一件可以拆卸的椅、几或案的家具，帮助顾客了解苏作，了解明式家具的结构工艺。

龚：请谈谈您的代表作品和获得的荣誉。

许：我主要的设计作品有：北京中南海紫光阁总理会见厅雕龙背景地屏及迎宾地屏，中共中央政治局第四会议室地屏。作为陈设总体设计、监制的苏州拙政园李宅家具陈设，苏州网师园家具陈设，南京总统府洪秀全天朝王宫家具和古典装饰恢复工程，以及长春伪满皇宫室内全部家具陈设和佛堂整体恢复工程，苏州曲园俞樾故居、可园家具陈设恢复工程，杭州胡雪岩故居家具陈设等。

2016 年 10 月 7 日至 10 月 21 日，在北京恭王府举办了作品全部由我和我徒弟设计、制作的“苏州造物”——明式家具（苏作）制作技艺精品展。2017 年 1 月 18 日，习近平主席在瑞士洛桑国际奥林匹克博物馆会见国际奥委会主席巴赫时赠送的国礼，是由我与国家级非遗苏绣代表性传承人姚建萍合作精制的苏绣与明式家具（明式碗口线长桌）。

我是研究员级高级工艺美术师。2009 年 6 月，被认定为国家级非物质文化遗产项目（明式家具制作技艺）国家级代表性传承人；2011 年 11 月，被授予江苏省工艺美术大师称号。

龚：您大半辈子都致力于明式家具制作技艺的传承与传播，能否谈一谈您的感想。

苏州上方山范成大祠堂（宋代）厅内家具

许：我对明式家具文化与制作技艺的娴熟掌握，受益于先生徐文达的教导。明代家具是一门综合制作技艺，设计、制作遵古法进行。对明代家具文化艺术元素的提炼、复制、改良、创作必于静心枯寂中深入研究、理解再进行。设计师必遵循明代家具造型与结构的科学设计法则，在用料比例以及榫卯结构的合理性方面，研究并严格实施和完善。

2020 年元旦，在文化和旅游部非遗司的指导下，我在北京的图书馆做了一场明式家具个人展，举办了明式家具讲座并由媒体做了 67 分钟的实况转播，我所做的这些就是为了传播与传承明式家具文化。

我秉承古为今用、代代相传的门规，将开设讲座并扩大传承群体为今后之己任，力争在有生之年把这项工作做好。

黄春娅 省级非遗（苏绣）代表性传承人

# 相伴苏绣『半生缘』

## ——对话省级非遗苏绣代表性传承人黄春娅

文/龚平

龚：黄老师好！我知道您从参加工作到退休乃至退休以后，在苏州刺绣研究所这个平台上与苏绣相伴了大半生。

黄：是的。我是1973年高中毕业后进的苏州刺绣研究所，此后一直在研究所，其间，只离开过三年。1977到1980年，我曾去南京艺术学院美术系油画专业学习，毕业后又回到苏州刺绣研究所继续从事刺绣实践。从1994年到2010年，任研究所乱针绣针法研究室主任。1995年起，我还担任研究所的刺绣总检。退休后，所领导返聘我，从2011年到2015年任研究所教学研究组组长，2016年到现在是研究所传承指导室成员，还参与全所刺绣艺术总检和评估指标工时、制定乱针绣方面的刺绣技术要求等工作。

龚：我知道，您的老师，也都是大师。

黄：我有幸一生中遇到了两位好老师。我刚进研究所就拜任嘒閒老师为师，学习刺绣。我还清楚地记得任嘒閒大师一开始就让我尝试各种各样的黄春娅，女，1955年生，江苏南通人。研究员级高级工艺美术师、江苏省工艺美术大师。师从任嘒閒大师，学习乱针绣技艺，后进南京艺术学院，在苏天赐等名师的教导下，在油画专业学习3年。1973年至退休后，一直在苏州刺绣研究所工作，与乱针绣结缘。代表作品有《金丝猴》、《春水》、《冒气的池塘》、《蒲塘金粉》等，作品曾多次在国内外展出并获奖。《虚实乱针绣吴冠中像》现被收藏在苏州市非物质文化遗产馆。2008年被认定为第二批江苏省非物质文化遗产项目（苏绣）代表性传承人。

题材。我第一幅作品绣制的是周爱珍大师画的油画《香蕉》，第二幅是《静物》，第三幅是《群鹅》，第四幅是《长江三峡》，第五幅就是人像《钢铁工人》。后来，我进南京艺术学院美术系油画专业学习，受苏天赐等名师教导，系统地接受油画专业基础训练并学习创作。从南京艺术学院毕业后又回到苏州刺绣研究所，继续随任嘒閒大师学习乱针绣技艺。

龚：请问您在苏绣传承、发展和创新方面做了哪些工作？

黄：我在刺绣题材、针法运用等领域不断研究创新，形成了自己的风格。在继承传统的基础上，探索以乱针绣针法用更灵动、更自然的现代刺绣语言绣制出人物、动物、花卉、风景等一批既有时代特征，又有丰富艺术内涵的苏绣艺术精品。我还参与起草了国家标准《苏绣》，这一标准规定了苏绣的术语、定义、技术要求、试验方法、检验规则、标志、包装，此标准从2020年3月起正式实施。

近年来，我在苏绣传承传播方面也做了一些工作。2011年9月，我们研究所和苏州高等职业技术学校合办民族织绣班，主要是带一些初中生。2011年到2015年，我担任教学研究组组长，主要任务是培训研究所杨敏华、王康霞、周心怡等20多名新学员。我

《冒气的池塘》

和李华老师一起安排课程、实施教学，根据她们不同的情况，因人而异进行指导。2017 年，在我们研究所举办的宁夏海原县刺绣骨干培训班上，我负责双面虚实乱针绣作品《丝绸之路》绣制的课程教学。

2005 年，我应邀为省人事厅与省工艺美术协会联合举办的“江苏省发绣艺术高级研修班”研修人员授课。近年来，我又多次受邀到苏州科技大学、苏州美术馆、南师大艺术学院等做“苏绣艺术与工艺研究”“苏绣艺术的回顾与欣赏”“体验苏绣艺术和丝之光——刺绣艺术赏析”等讲座。还到一些社区、会所做“苏绣艺术与保护”讲座，教授苏绣基本针法。

龚：您的代表作是什么？有哪些获奖作品？

黄：我在不同的时期有不同的作品。其实，我在每幅作品中都倾注了自己所有的努力。

早在 20 世纪 80 年代，我绣制的彩谷针《秋艳》和虚实乱针绣《男孩肖像》就先后荣获苏州市“五小”活动评比鼓励奖和一等奖。最近这 10 多年的获奖作品主要有：2007 年，双面绣地屏《冒气的池塘》在第三届中国（深圳）文博会上荣获“中国工艺美术文化创意特别金奖”；2008 年，虚实乱针绣人像作品《柴可夫斯基》参加江苏省“中国工艺美术大师作品展”，被江苏省工艺美术馆珍藏；2013 年，作品《蒲塘金粉》荣获第二届中国苏州创博会优秀参展奖；2014 年，作品《春水》荣获首届中国（苏州）民间艺术“金桂奖”银奖；作品《石榴》入选江苏工美艺术精品馆；2016 年，作品《金丝猴》荣获第 51 届全国工艺品交易会“金凤凰创新产品设计大奖赛金奖”，用虚实绣绣制的肖像绣《吴冠中像》由苏州市非遗办收藏并在苏州市非物质文化遗产馆长期展示；2019 年，绣品《冰雪风景》荣获“第五届东方工艺美术之都博览会特别荣誉奖”。在这些作品中，最有代表性的是《柴可夫斯基像》和《冰雪风景》。

龚：您一辈子都浸润于苏绣，一定获得了不少荣誉吧？

黄：我是研究员级高级工艺美术师。2008 年 2 月，被授予江苏省工艺美术大师称号；2008 年 11 月，被认定为江苏省非物质文化遗产苏绣项目代表性传承人。

**於为平** 市级非遗（仿古铜器制作）代表性传承人

# 仿古铜器的守护人

## ——对话苏州市工艺美术大师於为平

文／崔冰

崔：於老师，请问您是什么时候开始学艺的呢？

於：我和工艺的缘分要从 1973 年说起。在 1973 年 6 月，我进入苏州市工艺美术厂参加工作，拜老艺人骆齐月先生为师，跟他学习正宗传统苏派青铜器的制作技艺及仿古铜器制作技艺，同时还学习修复破损的古青铜器。从业至今，已四十几年了。

崔：於老师，能否请您详细为大家介绍一下您擅长的工艺流程和特色？

於：1986 年，我调入苏州市工艺美术研究所，沿承传统制铜工艺手法，对铜艺术品铸造、敲打、鎏金、镶嵌、做旧、修复。主要工艺是：制作泥模捏坯（泥芯）造型、贴蜡、涂料、熔铜、烧铸；后需锉、凿、磨、錾、嵌等修整工序。为了掌握这些工艺技术，我用了十多年的工夫，博采众长，刻苦钻研，在师承传统工艺技术的基础上，通过多次实践积累经验，又结合现代适用技术，

《竹林七贤 · 兰亭序》

将传统与现代手法相结合，完善了独门的青铜器制作技艺，并创作了一批青铜器作品。1987 年，我就以传统工艺手法制作了《仿（战国）错金豆》。其制作的特点主要是先以泥模捏坯造型，再加以贴蜡（拔蜡法）涂料、熔铜、烧铸等，后序修整是在其表面上主要以錾、凿的工艺手法添加纹饰，以镶嵌的工艺手法将金丝、金片镶嵌于纹饰中，最后修缮表面，如需仿古则着色做旧。

崔：您能介绍一下苏州仿古铜器的历史和您师门的传承谱系吗？

於：苏州的仿古青铜器历史悠久，技艺精良。王士性《广志绎 · 卷二》载："姑苏人聪慧好古，亦善仿古法为之，书画之临摹，鼎彝之冶淬，能令真赝不辨。"明万历、天启年间，苏州有蔡姓者仿铸古铜器，被称为"苏铸"，已形成独特的技艺。《履园丛话》载：

於为平，1955年生，苏州人。苏州市民间工艺家、苏州市工艺美术大师。师从苏州仿古铜器制作技艺创始人周梅谷弟子骆齐月老艺人，学习仿古铜器制作，在40多年的艺术生涯中学艺长足进步。代表作品有水月观音、竹林七贤·兰亭序、仿（战国）错金豆等，曾多次参展并获奖。现为苏州市非物质文化遗产项目（仿古铜器制作）代表性传承人。

“近吴门有甘、王两姓，能仿造三代彝器，可以乱真。”1921年，周梅谷（1882—1951，原名周容）在苏州人民路嘉余坊口开设寿石斋，有20多位仿古铜器专业人员，制作的仿古青铜器精美绝伦，真假难辨。美国芝加哥艺术博物馆收藏的车马狩猎纹方口壶，即是寿石斋集体制作的产品。新中国成立后，仿古铜器的生产先后由苏州工艺美术厂、苏州金属工艺厂和苏州工艺美术研究所等单位继承发展下来。苏州的仿古青铜器造型准确，做工精细，仿旧的色泽和锈斑逼真有层次，能受水泡、日晒而经久不变，尤其是轻重、厚薄都和原件无异，配上古雅的红木座架和古色古香的锦盒，为摆设欣赏和收藏之珍品。

我和夫人张建英系周梅谷仿古铜器制作再传弟子。师门的传承谱系为：周梅谷（第一代），骆齐月（第二代），於为平、张建英（第三代），於莉（第四代）。

垄：从艺至今，您所获得的成就有哪些呢？

於：1996年“在铜表面鎏金、鎏银的工艺”获国家专利。代表作品有鎏金鎏银铜浮雕《水月观音》。2011年9月，仿青铜壁画创新作品《竹林七贤·兰亭序》荣获江苏省工艺美术精品博览会金奖。2011 年 10 月，作品《仿（战国）错金豆》获得中国工艺美术大师作品暨国际艺术精品博览会“天工艺苑 · 百花杯”优秀奖。2018 年 11 月，作品《仿古铜器桥耳炉》荣获 2018 年姑苏区“枫桥夜泊”文化艺术节暨庆祝改革开放四十周年“金枫杯”民间艺术展精品奖。2019 年 10 月，作品《铜器商尊》荣获 2019 年姑苏区“枫桥夜泊”文化艺术节暨第二届“金枫杯”民间艺术展精品奖。

崔：请介绍一下您所获得的职称、荣誉称号。

於：2011 年 6 月，“苏州仿古铜器制作技艺”被列入苏州市非物质文化遗产项目保护名录。2012 年 10 月，我被认定为苏州市非物质文化遗产项目（苏州仿古铜器制作技艺）代表性传承人。2013 年 10 月，荣获第四届苏州市民间工艺家称号。2014 年 7 月，荣获第二届苏州市工艺美术大师荣誉称号。2015 年 12 月，荣获 2015 年度苏州市姑苏区企业首席技师。2016 年 1 月，“青铜失蜡制铸技艺”被列入江苏省非物质文化遗产项目保护名录。2018 年 10 月，获南京博物院民族民俗研究所颁发的荣誉证书。

**许家千** 省级非遗（明式家具制作技艺）代表性传承人

# 思想的哲匠

## ——对话第一代设计师许家千

文/叶志明

叶：许老师，您好！我不习惯称呼您为许大师，您不介意吧？

许：叶老师，您好！我不介意。我从不认为我是大师，我只是一名工匠。在苏州，做一个名副其实的工匠，并非易事。能如前辈陆涵生、赵子康、徐文达一样，成为一名“传道授业解惑”的师者，已是一件了不起的大事了。

叶：说得太好了，话中涉及的三位前辈都是苏州工艺界的高峰式人物，他们与您有何关联？

许：三位是我的恩师。1973 年 6 月，我进苏州红木雕刻厂设计室工作，师从陆涵生、赵子康、徐文达，他们的教导不但奠定了我涉足工艺的基础，也坚定了我的人生价值观。所以，几十年来，我始终认为，作为苏州红木雕刻厂培养的第一代设计师及第三代传承人，我必须维护好苏作的崇高地位，擦亮苏州红木雕刻厂这一金字招牌，这是我的责任所在。目前，苏州红木雕刻厂已是非物质文化遗产明式家具制作技艺许家千，1956年8月生，苏州人。研究员级高级工艺美术师、江苏省工艺美术大师、江苏省非物质文化遗产项目（明式家具制作技艺）代表性传承人。师从陆涵生、赵子康、徐文达，是苏州红木雕刻厂培养的第一代设计师。在多年的专业研究与实践创作中，形成了独特的设计风格。作品苏州八景屏风获江苏省第二届轻工美术设计展评会一等奖，鹿角椅、高仿清式对橱、宋韵吴风二椅一几获江苏省工艺美术艺博杯金奖、圆台椅五件套获苏艺杯金奖。现任江苏省价格认定专家库省级专家、苏州市工艺美术学会理事会副会长、苏州家具协会苏作红木专业委员会顾问。

传承单位和“中华老字号”单位。

叶：您从事传统家具及中式装修室内设计的专业研究与实践创作多年，有哪些独特的许氏印记或设计风格？

许：设计风格谈不上，但特点肯定是有的。我在传统家具的研究上，特别是在明式家具的设计与制作技艺的传承与创新上，积累了相当多的经验。同时对自宋代以来各时期的苏作家具风格进行了系统的研究，总结出四个发展期：宋代开始用硬木制作家具（以就地取材的榉木为主），明代形成了明式家具（明式家具以苏作家具为代表），清代形成了苏式家具（没有被清式家具所同化），近代形成了海派苏作家具（受西洋文化影响，造型上西化，制作技艺上本土化）。针对以上特征，我认为苏作家具制作技艺是我们苏州地区传统家具的主脉，它随时代发展而进步。对于任何传统的东西，必须在传承的基础上，加上当代的实践。就如中国画的发展一样，“师古人，师造化”，传统应在传承中发展、创新，将传统赋予时代特征。这就是我设计风格的中心思想，几十年来，我始终坚持着。

叶：许老师，我在行业协会了解了一下，您的作品很少参展参评，在

手绘效果图

仅有的几项获奖作品中，哪些作品是您的得意之作？

许：如你了解，参评很少。我觉得一是金杯不等于口碑，二是许多作品是一项工程，它适合整体陈设于建筑室内空间，如果支离局部去参展，作品就会碎片化。1973 年 6 月，我初涉传统家具设计时，用了一年半时间，对当时集中存放于本市西园寺仓库的各时期传统家具，从隼卯结构、风格造型、制作工艺、线型组合等方面进行了系统的解剖测绘，深入学习与研究，从而得益匪浅，为今后的传统家具设计打下了扎实的基础。当时提倡“理论与实践相结合”，我用了 3 年时间，下车间体验生活，对工厂的生产工艺进行全面实践，先后到配料、木工、雕刻、髹漆等车间，了解生产制作工艺全过程，从而在设计家具时能更符合传统家具的生产工艺，避免设计家具时不知制作工艺而无法生产。

功夫不负有心人，1977 年，我设计的改良型“明式家具·AB1228 型沙发椅”参加广州交易会，一下承接十多万元的订单，在业内得到了广泛认同。1987 年，我前往德国从事中国传统家具设计及中国古典园林装修，第一次体会了中国传统文化与西方现代社会的融洽表现。在德期间，我设计装修了几十个项目。1992 年，我回厂组建了古典艺术装修部，成了主要骨干，重点考虑如何结合现代社会室内装修与传统家具，以适合人们的现代生活需要，整体考虑、协调设计。1997 年，我主持设计了上海 88 层金茂君悦大酒店室内陈设工程；1998 年，我主持设计了曲阜·孔府西苑中式装修及配套传统家具；2000 年至 2002 年，先后在曲阜和泰安设计主持了三项中式装修及配套传统家具工程。2007 年，我作为苏州得月楼的特聘设计顾问，主持了得月楼所有改造项目的设计及施工，同期设计及指导了得月楼新大楼、得月楼李公堤店映月长廊、得月楼太监弄总店、得月楼上海世博店等“中华老字号”重大工程。

叶：许老师，在获得的所有荣誉称号中，您最钟情于哪些？为什么？

许：在荣誉称号方面，我喜欢江苏省的“十大工匠”和“工艺美术大师”“劳动模范”。因为这三项荣誉均是表彰“干活的工匠”，与我的性情比较吻合。

叶：对的，但在我看来，您并不只是“干活的工匠”，更是一位“思想的哲匠”。因为您有学历背景，有 5 年的留洋经历，又是设计出身，而且还是一位画家、金石学家、书法家，人物画、山水画、花鸟画、金石学、书法等均很擅长。

许：叶老师是“局外人”，看问题入木三分。我进入红木雕刻厂设计室后，1978 年考入苏州工艺美术职业大学（工艺绘画系）深造 3 年。1987—1992 年在德国从事中国古典室内装修设计施工及传统家具设计、制作。回国后，任苏州红木雕刻厂设计室主任，从事传统家具设计，同时组建苏州红木雕刻厂红艺装饰工程部，任经理。从此，使红木雕刻厂由单一的传统家具设计向涉足古典园林式室内整体装饰设计转变。1994 年，任技术设计工艺科科长，同年获苏州市劳动模范称号。1996 年，获江苏省劳动模范称号。1997 年，任苏州红木雕刻厂技术厂长。2004 年，企业改制，任常务副总经理。其间，除了职务变动，我对室内装修工作、传统家具设计的坚守始终没变。在学术方面，我根据自己实践中的心得，撰写多篇论文，散见于《家具》《中国红木古典家具》《苏州工艺美术职业技术学院学报》《华东家具》《姑苏工艺美术》《艺术家具》等业内权威杂志。

苏派彩绘《扶手椅》

## 陈忠林

市级非遗（红木雕刻技艺）代表性传承人

# 留住手艺　传承木雕

## ——对话江苏省工艺美术大师陈忠林

文／怀念

怀：请问您的从艺起点及师承关系？

陈：1976年，我跟随沙心学习篆刻、水粉画、油画。后进吴县雕刻厂，跟随中国高级工艺美术师陈远义先生学习彩绘雕塑、彩绘仿古木雕、象牙雕刻。1984年随李菊泉老师傅学习红木雕刻。1992年拜师浙江省工艺美术大师王笃才学习黄杨木雕。至今从事彩绘仿古木雕、彩绘木雕、彩塑泥塑、红木雕刻、象牙雕刻、竹刻已44年。

怀：请问您从事艺种的历史及在苏州的发展？

陈：苏州红木雕刻历史久远，自明代起形成造型简练、线条挺括、做工精良、磨清光亮的苏作技艺，以精、细、美、雅、古典为风格。加工苏作红木雕刻制品，木料先要经过干燥工艺处理，并采用传统的卯榫结构，以控制产品的收缩、变形豁裂。主要产品除床、橱、台、沙发等成套家具外，更多的是用于高级卧室、餐厅、书房、客厅等的装饰性红木制品。有盒、盘、座、几、屏等红木小件；有用浅刻、浮雕、镂雕技法制陈忠林，1957年生，苏州人。研究员级高级工艺美术师、江苏省工艺美术大师、苏州市非物质文化遗产项目（红木雕刻技艺）代表性传承人。曾师从雕刻名家陈远义先生。擅长彩绘仿古木雕及泥塑，从事紫檀木雕40多年。代表作品有彩绘木雕仿南宋观音、仿紫金庵思维罗汉、打连厢，紫檀木雕大荷叶笔筒、江南鱼水情、松竹梅笔筒、苏州北寺塔和仿古青铜式木雕秦始皇铜马小车、大足观音、古佛头像等。现为中国民间文艺家协会会员、中国民协彩塑专业委员会会员、中国工艺美术学会雕塑专业委员会会员。

作而成的筒、笼、罩以及人物、走兽、花卉等红木工艺品；还有筷、印盒、书尊、书签、线板、茶托等红木旅游纪念品，大小制品有近千个品种。

苏州红木家具、红木小件的雕刻和工艺的特点一是选材精良，生产用料大多选取名贵木材，如紫檀、乌檀、花梨木、杞梓木、红酸枝等；二是精于组榫，匠师们根据传统做工和不同造型、功能、材料、花样的要求，加工不同种类、结构牢固、科学合理的榫头结构；三是产品造型款式以明清家具为楷模，装饰手法、雕刻纹样及做工、线饰处理都采用中国传统方法，具有苏作工艺艺术的魅力和文化色彩；四是油漆圆熟，采用中国传统的髹漆法和大漆，工艺复杂，经过精打细磨、上面漆、上色等十多道工序，然后连续上六七次生漆，手感好，色彩端庄富丽；五是装饰实用，红木家具除了床、橱等，还增加了现代文明生活所需的产品，从实用型转变为装饰、实用、观赏相结合。苏州红木雕刻技法，有“实地雕”“镂空雕”“圆雕”“浮雕”“阴雕”“阳雕”等。一块普通的红木料，经过艺人的构思，雕成一幅错落有致的立体画面，达到“自然天成，古朴雅趣”的艺术效果。

怀：您对从事工艺传承、发展、创新的主要贡献是什么？

陈：我擅长雕刻人物、笔筒、如意、鱼蟹，构思精巧、刻意求新、取材广源，既有传统的风格，又有创新超前的构思和意识。作品雕刻精细、造型逼真、生动传神、线条流畅、小中见大、大中求精。创新主要有两点：一是彩绘仿古红木雕创新技艺，创新发明。多次上色，烧、洗、熏染、擦、磨等几十道工序，使创新的仿古木雕作品呈现年代久远、香薰积尘、色彩斑驳、老化剥落、残损陈旧之感，犹如千年传世古物。二是苏作红木雕刻技艺创新。“苏作”红木雕此前从没有泥塑造型、打样的，如今创作每件红木和紫檀作品，必须先做泥塑造型，在做红木雕刻作品创新时，要自己做各种刮刀。雕刻好一件作品，我必须用不同型号的刮刀刮光，使得作品光滑无波浪纹，然后再细致地进行打磨抛光等工艺。

我在吴县雕刻厂工作时，前后带了 30 名学徒，进行雕刻、绘画技术学习培训及指导，教他们从绘画到装配木雕刀、磨刀技法及雕刻扦光、雕刻技法等初级传统木雕技艺。2006 年开始，我被常州纺织服装职业技术学院、苏州技师学院、苏州工艺美院、苏州建设交通高等职业技术学校等聘请为指导老师和特聘教授。受政府有关部门委托，收下岗工人、残疾人为徒，为非物质文化遗产传承人研培学员上课，多年来，总计带徒 300 多人。

怀：请问您的主要获奖作品或代表作？

陈：1987 至 2019 年主要获奖作品有《仿南宋观音》《仿紫金庵思维罗汉》,荣获“江苏省工艺美术精品博览会”特别金奖。1999 年江苏省工艺美术品、旅游纪念品博览会上，紫檀木雕《云龙笔筒》荣获金奖。2000 年第二届中国（国家级）工艺美术大师精品展上，作品紫檀《特大灵芝如意》荣获银奖。2001 年中国工艺美术精品博览会上，紫檀《百年好合》荣获银奖。2002 年苏州市首届民间艺术节展上，紫檀《深雕五龙笔筒》荣获金奖。2006 年红木雕《荷花笔筒》获苏州市第七届“五个一工程奖”。2008 年“艺博杯”江苏省工艺美术精品展上，牙雕《知足者常乐臂搁》获银奖。2010 年“艺博杯”江苏省工艺美术精品

《六月黄·蟹笼》

《江南鱼水情》

展上，小叶紫檀《福禄万代宝葫芦》获金奖。2011年彩绘贴金紫檀木雕《仿明永乐释迦牟尼》获首届中国（无锡）国际文化艺术博览会“艺博杯”银奖。2014年首届中国（苏州）民间艺术博览会上，小叶紫檀《六月黄·蟹笼》获金奖。2015年第七届中国（山东）工艺美术精品博览会暨中国创新设计文化展上，木雕《欢天喜地打连厢》荣获“华艺杯”金奖。2016年中国（苏州）“启迪·苏艺杯”国际工艺美术精品博览会上，作品木雕《彩绘看门罗汉》获金奖。2017年中国（苏州）“苏艺杯”国际工艺美术精

《福禄万代宝葫芦》

品博览会上，2019 年，木雕《双鱼耀龙门》获第五届东方工艺美术之都博览会特别荣誉奖和苏州市第七届“五个一工程奖”。

怀：请问您所获职称、荣誉称号？

陈：研究员级高级工艺美术师，江苏省工艺美术名人，江苏省工艺美术大师，江苏省正高级乡村振兴技艺师，江苏省乡土人才“三带”能手，苏州市民间工艺家，苏州市非物质文化遗产项目（红木雕刻技艺）代表性传承人，中国民间文艺家协会会员，中国民协彩塑专委会会员，中国工艺美术学会会员，中国工艺美术学会雕塑专业委员会会员。

怀：请问您发表的论文及基本观点？

陈：发表的论文有《彩绘木雕艺术的研究和继承》《濒临失传的彩绘仿古木雕艺术》《浅谈彩绘木雕艺术》《紫檀壁挂〈百年好合〉的创意》《彩绘木雕仿南宋观世音菩萨创作》《关于拓展创作空间的实践与思考》《汲取传统精华，凸现当代情趣》《最是美味〈六月黄〉浅谈》《蟹与竹篓创作及艺术特色》《传统工艺，水乡情怀——谈彩绘木雕〈打连厢〉中的传统与创新构思》《谈彩绘木雕〈欢天喜地打连厢〉》《彩绘仿古木雕看门罗汉解读》等十余篇，出版著作《陈忠林雕刻艺术》。

周莹华

市级非遗（发绣）代表性传承人

# 『千钧一发』话发绣

## ——对话江苏省工艺美术大师周莹华

文/叶正亭

叶：周老师最近乔迁之喜，祝贺！

周：谢谢！现在，我的工作室已从观前街井巷搬至东环路风华苑了。

叶：其实您是双喜临门，2016年2月，明莹刺绣工作室被评为江苏省非物质文化遗产苏绣（发绣）保护单位。

周：是的。这是对我这么多年从事发绣艺术创作的一种肯定，更是对苏州发绣工作前辈们的工作的肯定。我非常感恩。

叶：近三十年来，您对发绣艺术做出了不小的贡献，大家有目共睹。

周：只能说做了一些工作，主要是让消失多年的发绣在苏州重新焕发出生机了，并使其形成了苏州发绣的特点。新中国成立后，苏州刺绣研究所恢复苏州发绣，由于材料、题材匮乏等问题又逐渐没人做了。20世纪90年代，我为了实现生父高伯瑜的心愿，开创了自己的发绣工作室，专门从

发绣《斗茶图》

事发绣技艺的传承工作。2014 年，苏州市向联合国教科文组织申报“手工艺与民间艺术之都”时，将苏州发绣也列入其中申报。

叶：您是如何传播发绣艺术的？

周：我通过各种展览让大众了解发绣艺术。2006 年，应邀代表中国艺术家赴意大利参加“从长城到奥林匹亚艺术行·都灵冬奥之旅——艺术巡展”；2010 年，应邀赴台湾进行了为期一年的“千缕丝情——周莹华发绣艺术交流展”（展览地有台北、高雄、台周莹华，女，1958年生，苏州人。研究员级高级工艺美术师、江苏省工艺美术大师。从小受到家庭的熏陶，爱在绣绷上习绣，而后又对濒于失传的发绣颇感兴趣，经过长期对绣技与古典文人画的钻研，在发绣艺术上取得了可喜成就。代表作品有发绣拙政园、梅花、达摩六代祖师图、八十七神仙卷、洛神赋、柳枝观音等，作品多次在国内外展出并获奖。现为苏州市非物质文化遗产项目（发绣制作技艺）代表性传承人。

南、嘉义、彰化等地）；2011年，宜兴大觉寺举办“周莹华发绣艺术展”；2011年，应邀参加由中国传统工艺研究会在上海举办的“中国发绣艺术珍藏品荟展”；2012年，在上海民族民俗民间博物馆举办“绣苑四绝”大型展览；2012年12月，在上海徐汇区图书馆举办个人刺绣展。

叶：真是不少。有讲座吗？

周：我也开办过一些讲座来传播发绣艺术。2013年，在上海徐汇区图书馆开设发绣艺术欣赏讲座；2015年，在苏州中国银行举办了发绣欣赏讲座。我还参加了苏州市文广新局组织的“走进非遗”活动，让有兴趣的市民走进我们工作室，亲身体验发绣的魅力；和西交利物浦大学、苏州科技大学合作，组织学生学习发绣这一传统技艺。

叶：您的发绣作品得了不少奖项。

周：在全国省级以上的评奖中共获得了16个金、银奖项。发绣作品被苏州工艺美术博物馆和一些私人博物馆以及国际名人萨马兰奇等收藏。在全国确立了苏州发绣的地位。

发绣《水月观音》

叶：说到苏州发绣，一定会提到高伯瑜。他是您父亲吗？

周：严格讲，高伯瑜是我生父。我出生后，就过继给舅舅，所以姓了母姓。但我们是大家庭，生活在一起，我自小也受到了生父的教育、影响。高伯瑜在苏州刺绣研究所工作，1954年，他在整理研究苏绣资料时，发现了发绣这一濒临失传的传统工艺，于是寻找老艺人归队，抢救、挖掘了这一传统工艺，绣制出了新中国第一幅发绣《屈原像》。1959年，发绣《屈原像》在北京展出，受到了朱德委员长的题词和嘉奖，但由于发绣受到材料、题材、技术等的限制，一直没有形成规模。"文化大革命"期间，高伯瑜下放到苏北，应邀到了东台工艺厂任职。之后，他又推荐了许多苏绣艺人，如书画家沈子丞、陈负苍、王能父，刺绣艺人朱世英、陆素珍，裱画师殷三元等人到东台，开拓了中国画和发绣两项新业务，将原来以猪鬃、人发、马鬃为原材料生产板刷等日用品的"三毛厂"转型成了以生产发绣、仿古中国画为主的工艺厂。他将发绣技艺传播到了东台，并使发绣在东台生根开花，逐渐在东台形成了规模化生产。东台工艺厂发绣车间从最初的8人发展到100多人，最终发展到今天，成了东台的一个特色支柱产业。高伯瑜也因此被誉为"发绣播种人"。

叶：您的发绣作品有什么样的独特之处？

周：我的发绣作品大都取材于传统中国古画，所以在艺术上特别强调诗、书、画、印的统一。在绣制技艺上，注意用针，依据书画笔法、要求，提按顿挫之笔意与浓淡枯湿之墨韵皆得以完美地再现。通过刺绣手法，再现绘画笔墨意趣，又基于材质和针法所形成的质感、色调、肌理之美，形成了一种笔墨丹青所不能达到的魅力，显示了苏州发绣艺术所独具的"精致、雅洁、柔丽"的美学品格，并逐渐形成了自己的独特艺术风格。比如我的发绣作品《水月观音》，就是我在北京法海寺观看明代壁画后，根据其中的一幅壁画改编创作的，将原画彩色变成更适合发绣的黑白两色，虽然少了一分雍容华丽的感觉，但多了一分素朴庄严的特点，更显功力。由于运用了自然头发颜色深浅的不同区分，使整幅发绣层次分明，线条精细、匀称、工整、挺拔，特别是将观音的披纱表现得惟妙惟肖，披纱上的图案是六菱花瓣，每一片花瓣都由40多根线条组成，发绣运用丝丝白发将披纱“细如蛛丝、薄如蝉翼”的飘逸感表现得活灵活现，仿佛水月观音在轻纱下微微呼吸，更能体现水月观音的恬静、优雅之美。

叶：请问您目前的职称与称谓？

周：我是研究员级高级工艺美术师。我获得了中国刺绣艺术家、江苏省工艺美术大师、苏州市非物质文化遗产“苏绣（发绣）”传承人称号。工作室被授予“苏州市非物质文化遗产‘苏绣（发绣）’保护单位”“江苏省非物质文化遗产‘苏绣（发绣）’保护单位”等，这些都是社会对我的鼓励和鞭策。我还得到了社会方方面面对我的关爱，2006—2007年度，被苏州市工艺美术行业协会授予“行业贡献奖”；2007年，被苏州市妇联授予苏州市“十行百星”优秀女性称号等。

叶：作为非遗传承人，您在传承方面做了什么？

周：我的刺绣技艺来自苏州老一辈刺绣家们，因此我有责任把发绣这一传统技艺传承下去。为此，近年来，我重点培养有兴趣并有一定美术基础的学生，这些学生中有中央美院的博士生，南艺、苏州科技大学的学生，我免费教他们刺绣。我的女儿是大学老师，学的是汉语言文学，但我同样让她学习刺绣，每年寒暑假，她都悉心学绣。我也是希望她能多了解并传承这门中国的传统文化艺术。

叶：希望您成为德艺双馨的艺术家。在社会公益方面，您做了什么？

周：苏州正念养心社是由100多位女企业家组建的非营利公益组织，我在社内担任顾问一职。正念养心社的宗旨是以“公益慈善，扶贫帮困”为主导，带领社团成员关爱弱势妇女，扶助弱势儿童，开展尊老、助老等活动，提高社团成员的公益理念，以“正心、正念、正行”推动城市精神文明建设。每月我们都有定向慈善帮困活动，如慰问养老院，我们定点慰问的是优康养老院。我个人还通过青海格桑花教育救助会定向助学了两位学生。

叶：您对发绣艺术有什么样的展望?

周：中国的发绣艺术源远流长，至今已有一千多年的历史了。清中期以前，发绣无论在题材还是在针法上都基本没有什么大的变化。新中国成立以后，发绣一直还停留在表现佛像人物和中国传统绘画上，题材上有较大的局限。我想，发绣艺术必须在题材上有所创新，而这种突破与创新，遇到的问题主要是表现手法的跟不上。因此，要在题材上有所创新，主要要解决的是表现手法的创新问题，表现手法要更加丰富多彩，才能满足发绣艺术题材创新的需求，在这方面，我也一直在思考和尝试。

陈素英 省级非遗（核雕）代表性传承人

# 时间为水　作舟游艺

## ——对话核雕艺术家陈素英

文／叶志明

叶：陈大师，你好！至少十年没见面了。虽未往来，但“陈素英”与“核舟”的各种信息我一直关注着。去年你的“核舟”被苏博馆藏，有何“获奖”感言？

陈：谢谢叶老师一直关心我。“核舟”被博物馆馆藏于我不是第一次，说明我的作品“永生”了，具有了历史文化的价值，感谢、感激、感恩！

叶：几十年前我开展田野调查，核雕是我最初调研的品种，后抢救保留了原产地舟山村。目前舟山已是声名鹊起，相比之下，人们对光福的了解就较少。请你讲讲光福与核雕的前世今生。

陈：光福是中国历史文化名镇，还是传统工艺之乡。传统工艺以雕刻为重，有核雕、木雕、玉雕、佛雕、砖雕五大类，但核雕是后起之秀。核雕在雕刻中，是竹木牙雕的衍生品种，不能算门类，只是现在发展规模庞大，才有了榜首地位。

20 世纪 70 年代，光福成立了社办企业——光福建筑站，规模扩展迅速，当年职工达 2000 余

空谷幽兰

陈素英，女，1958年出生。1973年学艺至今，在方寸核雕间默默耕耘40余年，其『核舟』作品名冠业内。现为高级工艺美术师、中国民间文艺家协会会员、江苏省非物质文化遗产项目（核雕）代表性传承人、江苏省『双学双比』先进女能手。名列中国文联出版社的中国民间文艺家大辞典。代表作有空谷幽兰、悟道、东坡38人游等。作品获江苏省民间文艺最高奖『迎春花』奖，二度获得苏州市『五个一工程奖』，十次获中国（国家级）工艺美术大师精品博览会金奖。

人。光福红木雕刻厂是建筑站的下属单位，其前身是光福木器社。1970年，由光福木器社及乡建筑社的部分人员组建起了光福红木雕刻厂，工厂位于光福镇茶汤旁。1972年，工厂成立了雕刻车间，技术合作源自光福镇的下辖单位舟山工艺品厂，由史阿小等人负责，招收了近20人为首批学徒。那年我16岁，非常幸运地被分配到了雕刻组。当时须吟筌是我们的艺术指导。我虽然文化水平不高，但我勤奋好学，悟性好，师傅教什么，我就能领会什么，没几天就能刻出个八九不离十的物件来。在此得天独厚的环境中，我掌握了核雕的基本技能。几年后，我的核雕技艺也日臻精湛，成了一位出色的雕刻技师。遗憾的是，光福红木雕刻厂于20世纪80年代末解体了。

叶：红木雕刻厂的解体，对你来说或许不是遗憾，而是你人生的一次转机。

陈：工厂解体那年我27岁，和许多人一样被迫下岗，生活没有了来源。但我没有丝毫怨言，在象牙雕与橄榄核雕之间，我选择了核雕。当时，我丈夫柴春龙在上海老城隍庙旁的古玩市场藏宝楼开设了核雕店铺，我的核雕由上海出发，后来走向了全国各地。几年后，“陈素英”的品牌效应开始显现，其中“核舟”技艺成就了我在这个行业中的独特地位。继而美国、加拿大、日本、新加坡、泰国等国，以及港澳台地区的收藏家慕名而来，“核舟”作品常常是供不应求。就这样，从1973年以来，我几十年如一日，没有空闲，寸步不离工作室，倒是应验了那句话：“不忘初心，方得始终。”

叶：你的成名作是“核舟”，当年创作“核舟”的范本是什么？

陈：哪有范本，那时不像现在，“百度一下”知天下。我全部的资料源于两篇《核舟记》的描述。万历中叶的一日，王毅与陈良卿、屠用明一起，到好友李日华的新居“春波”拜访，王毅把他亲手雕刻的“大苏泛赤壁”作为礼品，赠予了李日华。李日华获之爱不释手，嗣后就撰写了一篇《核舟记》，后收于《六研斋笔记》内。从此，有了“核舟”一词。但真正让世人认识王毅这个人且认可他的独门绝技，是一篇与李日华《核舟记》同名的文章。天启二年（1622）秋，散文家魏学洢同样喜获了王毅相赠的一枚“核舟”，同样写下了美文《核舟记》。两位文人的《核舟记》，描述了中国核雕中的“纳须弥于芥子”，为“核舟”艺术的品种发掘及传播树立了典范。然而，两篇《核舟记》描述的都不是橄榄核雕，橄榄核雕的“核舟”是由清乾隆年间的牙雕工匠陈祖章开创的。学艺以来，尽管我花鸟虫草、山水风景、人物走兽都有所涉及，但“核舟”如禁区一样，无法靠近，再现“嘻，技亦灵怪矣哉”的“核舟”成了我的一个夙愿，而这个夙愿在我心中形成了一种情结。于是我斗胆开始了对“核舟”的专攻，在无数次失败后，1995年我终于成功复原了国宝级瑰宝“东坡泛舟赤壁”。在这枚“曾不盈寸”的核舟上，东坡、鲁直、佛印、船夫、书童等9个人物神态栩栩如生，呼之欲出；船上装饰、摆件均雕得恰到好处，人物服饰的褶皱也都清清楚楚；左右两侧米粒大小的四扇窗子竟能自如开启……这就是我心中、手中的船，也是一只承载了王叔远、陈祖章、钟年福等艺术家故事的船，它终于在“扣舷而歌之”的宋词音律声中启航了。

《中国梦之民族大团结》

叶：你的创作始终立足于“核舟”，而且排斥任何机械工具，全凭一把刀，保持着原始手艺崇拜和不受科技支配的生活观念。听到你刀尖滑过核面的声音，让我心中澎湃起那消失已久的橹声。现在我们坐在时速80—120公里的汽车里，是体味不到“心中橹声欸乃长”的诗境的。所以，你的“核舟”是否在向我们揭秘消逝的怀乡密语？

陈：是的，谢谢叶老师，你说出了我想说而说不出的话。我们生活在一个发展越来越快速的便捷时代，要什么有什么。但是，艺术之“美”从来都与“高速”绝缘或相悖，这或许是我的偏见。但我相信农耕文明中人们对艺术膜拜的真诚，因为农耕文明曾经全面而深刻地将人与天地万物联结在了一起。在那样的生活里，人们不慌不忙，对手艺的崇尚也能够保持纯粹。所以，我的“核舟”

是对农耕文明那缓慢、安静、朴素质地的礼赞，企望人们能听见摇橹的“欸乃”声响，记住乡愁。

叶：王毅创立的“核舟”，有“苏州样”之称，既为同行们拓宽了视野，又成了明清以来之楷模。至清一代，王毅“核舟”改变了陈祖章等一批“南匠”的命运。在之后的不同时期里，一些手艺精湛的雕刻家亦纷纷效仿、继承，相继创作出了许多题材各异的“核舟”雕刻艺术佳品。但你作为一个现代人，你要做的绝非“复古”，而是要以现代人的观察和智慧在“旧”里读出“新”，在对古老《核舟记》的追忆里完成新版的《核舟记》。

陈：对于复古，我们不能一棒打死，而要去究其原因。对核雕这行来说，复古可以理解为是一种借鉴，就是在其基础上，取其精华、去其糟粕，在原作品上创新和修复，使其达到最完美的视觉效果和社会效益。尽管原作者不是你，但是每次创作都是由现代人来完成的，其过程中肯定会进行二度创作，就像产品的升级换代。百年前，陈祖章的“核舟”到现在呈现出来，就是经过我的复古而蜕变、优化、升华的。我个人认为这是一种良性的传承，因为起码我们知道这件作品还有哪些不足，还能够将它的更好一面呈现出来，这个对于原作者也是一种尊重。我几十年孜孜以求地不断探究，致敬经典，所雕的“大苏赤壁泛舟”已形成了系列作品。在传统的图式之外，我创新了一批具体时代气息的“核舟”，譬如《东坡 38 人游》《闹元宵》《渔家乐》《中国梦之民族大团结》等。

**刘一鸣**

省级非遗（砖雕）代表性传承人

# 苏派砖雕的坚守者

## ——对话省级非遗砖雕代表性传承人刘一鸣

文／吴建伟

吴：请谈谈您是如何走上砖雕之路的。

刘：我出生在一个雕刻世家，自 13 岁起就开始跟随爷爷、父亲学习雕刻，高中毕业时已练就了一门好手艺，成了当地小有名气的“老师傅”了。高中毕业 3 年后，我来到苏州美专学习雕塑。由于家庭经济困难，在美专学习期间，我白天上课，晚上就揽些做砚台、石雕和扇面之类的活儿，凭着自己的劳动，不但解决了学费和生活费，同时也使我在艺术方面得到了较为全面的磨炼。从苏州美专毕业后，尽管我接触最多的是石雕、木雕和玉雕，还一度搞过家具生产和古建筑，但我一直未曾放弃自己的砖雕艺术。

吴：在众多艺术门类中，为什么您对砖雕艺术有着一种特别的偏好？

刘：砖雕起源于汉画像，兴盛于明清，是建筑雕刻中很重要的一种艺术形式。在砖雕制作过程中，泥水变成坯，又经过火烧刀刻，可谓金木水火土样刘一鸣，1958年生，江苏苏州人。他出生于苏州阳澄湖畔的砖雕世家，在整理复制古代砖雕上卓有成效。2012年被认定为第四批江苏省非物质文化遗产项目（砖雕）代表性传承人。江苏省工艺美术大师、江苏省乡土人才『三带』能手。代表作品有：大型砖雕壁画姑苏繁华图、锦绣苏州、大型砖雕世界遗产纪念墙。他应中国国家博物馆的要求，承担贵宾厅中砖雕展厅的主体雕刻工作。该展厅的主图为唐牡丹，由二幅砖雕作品组成，共需1100多块32厘米见方的金砖斜拼而成，其中有200多片花瓣骑跨在砖块的拼接线上，使画面上不留任何痕迹，堪为一绝。

样兼有。与其他艺术门类相比，砖雕耐得住岁月侵蚀，经得起风吹雨打，显示出顽强的生命力。特别是苏派砖雕的青白两色（青砖白缝）与我“清清白白”的做人原则也是不谋而合的，我特别喜爱砖雕那种特有的“青气”和朴实的韵味。

吴：您一直致力于苏派砖雕艺术的传承与发展，并取得了可喜的成绩。请您谈谈。

刘：在研究方面，我不但掌握了传统苏派砖雕的精华，并在前人的基础上探索总结出一套宝贵经验，即砖雕要处理好“六看”与“三大关系”。所谓“六看”就是“一步看、五步看、十步看，秀才看、财主看、官府看”。所谓“三大关系”就是要处理好砖雕与人文、环境、建筑三者之间的关系。砖雕作为建筑装饰的一部分，一定要和它所属的建筑相配合，和周围的环境相协调，这样才能体现出整体的和谐。如果将建筑比喻成一部乐章，那么砖雕便是其中一个不可或缺的音符，缺了这一音符，整个乐章就会显得支离破碎。苏州园林之所以成为古代造园艺术的经典之作，与此也是密切相关的。就以网师园中的万卷堂为例，网师园是苏式的建筑，古代人就用正宗的苏式门楼与其相配。从网师园中的各个角度去看万卷堂这座砖雕门楼，给人的感觉都

《世界遗产纪念墙》

是美轮美奂的。

在创作方面，我是属于创作路子很广的民间艺术家。到目前为止，我创作的数千件砖雕涉及古典人物、戏文、花鸟、山水、动物和吉祥图画十余个大类一百七十多种款式，主要作品有《八仙图》《十鹿图》《桃园三结义》《玉堂富贵》《西厢记》等。我的砖雕作品细腻、柔和、温润，雅俗共赏，受到了同行专家的高度评价和大众百姓的喜爱。常熟翁同龢纪念馆、兴福寺、上海豫园、上海古象大酒店等许多单位或个人也慕名前来，请我进行古建砖雕修复或砖雕门楼的新建。我制作的 200 件《郭子仪拜寿图》被友人带到台湾后大受欢迎。在我的砖雕生涯中，有两件事是最有意义的。

第一件事，就是创作《世界遗产纪念墙》。2003 年，第 28 届世

界非物质文化遗产大会在苏州召开，我在为大会创作大型砖雕《姑苏繁华图》《锦绣苏州》（又称《新姑苏繁华图》）的同时，根据组委会要求，做一面中国的世界非物质和物质文化遗产纪念墙。这道世界遗产纪念墙共由 32 幅砖雕组成，在这幅作品的创作中，我运用中国画的散点透视手法和高浮雕工艺，分别雕出故宫、长城等 29 处中国的世界文化和自然遗产及昆曲、古琴两类非物质文化遗产，给人以独特的艺术享受，被参加大会的各国遗产专家称为“中国一绝”。

第二件事，就是承接国家博物馆砖雕厅建设项目。2010 年 7 月上旬的一天，我突然接到国家博物馆的一个电话，说是国家博物馆贵宾厅要增设木、铜、砖、石四个雕刻艺术展厅，正在征集承建者，希望我能参与砖雕厅的竞标。不久，我便收到了博物馆寄来的由中央美院张绮曼教授创作的一幅《唐牡丹》作为创作图案，并对应征作品提出了特别要求：雍容华贵，工整精致，线条图案必须严谨，大气中见规矩。如果这次能揽得国家博物馆砖雕厅的承建任务，那对于提升苏派砖雕艺术的知名度无疑具有重要意义。当我接到国家博物馆的邀请后，就带领十余名艺人立即投入了《唐牡丹》砖雕样品的创作。经过十余天的劳作，一幅不到 0.2 平方米的《唐牡丹》局部砖雕样品被送到了国家博物馆。虽然砖雕样品交上去了，但我心中并没有把握，那幅样品只能打 91 分，并不是我所想要的那种完美的作品。博物馆相关人员事后告诉我，实际上，此次国家博物馆砖雕竞标的热度远远超出了人们的想象。当时，国内砖雕高手的应征作品堆满了国家博物馆改扩建工程处办公室。经过仔细挑选，评委们最后从众多应征作品中挑出两件做最终抉择，其中一件是我们送去的苏派砖雕。当这两件作品被放在一起后，评委们不约而同地将手中的选票投给了我们。张绮曼教授兴奋地对身边工作人员说："要好好谢谢刘一鸣，他带来了最完美的作品！"苏派砖雕此次北上竞标成功，同行们都为我高兴。但我心中并没有感到丝毫的轻松。国家博物馆砖雕厅面积虽然只有 80 平方米左右，用砖面积却达到了 160 多平方米，总共需要 1100 多块砖。砖雕厅主墙、侧墙及大门内侧一共有 11 幅砖雕作品，面积最大的宽 330 厘米、高 260 厘米，最小的也有 45 厘米见方，而且所有砖雕图案都采用张绮曼教授设计的《唐牡丹》图案。虽然牡丹是砖雕作品中最为常见的题材之一，但张绮曼教授设计的这幅《唐牡丹》却与众不同。平常的牡丹线条自然，并不苛求花叶对称，即便少一片叶子或一朵花也不会影响整体画面的美感，但唐牡丹讲究的是花叶绝对的对称。如果说寻常牡丹是一首自由诗的话，那么唐牡丹就是一首格律诗了，来不得半点差错。为了在青砖上完美展现唐牡丹的风采，我在创作中根据砖雕特点对张曼绮教授设计的《唐牡丹》图案进行了再创作，使其完全达到了国家博物馆所提出的"雍容华贵""大气中见规矩"的要求，并获得张绮曼教授及馆方的一致好评。

# 钱锦华

研究员级高级工艺美术师

# 锦华桃花坞

## ——记钱锦华桃花坞木版年画的传承之路

文／叶志明

叶：我们都是忙人，见面多是在评审或工美学会的会议上。若没有此书约稿任务，是不会有如此正式的访谈的。

钱：谢谢，我现在终于可以忙里偷闲了，刚从苏州工艺美术学院手工艺术学院副院长的位置上退下来。职务退了，但还是牵挂苏州工艺美术，特别牵挂苏州的“一团和气”。

叶：你常说，你心中怀有“桃花坞”。桃花坞木版年画在艺术史上究竟地位如何？

钱：在苏州众多的传统民间工艺里，桃花坞木版年画，是一个值得苏州人骄傲的文化符号，其独特的艺术风格在中国美术史、民俗史上为其确立了应有的地位。桃花坞年画不仅广泛流传于全国，而且流传到了日本、英国和德国，特别是对日本的浮世绘有相当大的影响，被誉为“东方古艺之花”。2006 年，桃花坞木版年画经中华人民共和国国务院批准列入第一批国家级非物质文化遗产名录。所以，此生能与“桃花坞”

钱锦华，1960年生，江苏苏州人。中国民间文艺家协会会员，江苏省工艺美术协会理事，研究员级高级工艺美术师。长期从事苏州桃花坞木版年画的传承和研究工作。绘画作品多次参加国内外展览并发表，赴新西兰、韩国、美国、荷兰等国家进行文化交流。曾任苏州桃花坞木刻年画社社长，苏州工艺美术职业技术学院手工艺术学院副院长，文化和旅游部、人社部、教育部非物质文化遗产研培计划——苏州工艺美术职业技术学院研培项目实施人。

结缘，是我的荣幸。

叶：你在美院这么多年，除了这些工作中的硬性任务，其实，你最关注的是苏州桃花坞木版年画的命运。我清楚地记得2016年我任评委，你打电话告诉我，说叶宝芬、房志达两位艺人是苏州桃花坞木版年画不可或缺的人物，询问能否将他们列入“苏州民艺家”之录。今天我们回顾过去，发现桃花坞木版年画因有了叶宝芬（刻版）、房志达（套印）两位，才有了良性的传承发展。为此，我一直想感谢你，因为你当年的提示，保障了评审工作的科学性。否则，忽略其中任何一位，对苏州桃花坞木版年画的传承发展都将造成硬伤。

钱：不，感谢的应该是你，如果你不实事求是，他们就可能会落选。因为民间老一辈艺人一般多没有学历，没有职称，更不懂得参展参评，所以比不过年轻人。他们的优势只有手艺。而手艺与列录的硬性要求存在着差距，所以，这时候需要评委慧眼识英雄了。现在，叶宝芬、房志达已成为业内大师，两人先后成了江苏省及国家级非遗代表性传承人了。我代表叶宝芬、房志达两位大师感谢你。

叶：在苏州桃花坞木版年画发展最低谷的时期，你介入了其中，是否

指导复制完成的乾隆版《和合致祥　一团和气》

为临危受命？

钱：说不上，但我觉得担子确实不轻。事实上，苏州桃花坞木版年画一路走来，路途一直坎坷崎岖。1949年后，根据文化部《关于开展新年画工作的指示》，全国出现了新年画运动的第一个高潮。在苏州市文联等部门的支持下，成立了桃花坞木刻年画社。1966年“文革”开始，桃花坞年画被扣上“封建迷信品”的污名，开始一蹶不振。“文革”结束后，迎来了改革开放，桃花坞木刻年画社得到恢复。但到了20世纪末，随着人们生活方式的改变，桃花坞木版年画的实用功能大大减弱，桃花坞木版年画再次面临生存危机，年画社员工已寥寥无几，后继无人。在苏州市人民政府和有关部门的密切关注下，2001年苏州桃花坞木刻年画社整体划转入苏州工艺美术职业技术学院，年画社的发展进入一个新的时期。那年，我走马上任，担任苏州桃花坞木刻年画社社长一职。

叶：你就位以后，针对苏州桃花坞木版年画具体做了哪些抢救举措？

钱：年画社自划转至学校后，我与年画社共同致力于桃花坞木版年画文献系统的整理研究、新传人的培养和以桃花坞木版年画为元素的文化创意产品的研发，并进行了桃花坞木版年画推广等方面的工作。在苏州桃花坞木刻年画社社长这一岗位上，我干了16年。在这期间我们主要做了以下几件大事。自2002年9月起，学院利用工艺美术教育的优势资源，通过自愿报名、择优录取的方式，遴选优秀学生进入桃花坞木刻年画研修班，以学院式教育与老师傅言传身教相结合、理论基础知识与实践技能相结合的方式，聘请了房志达、叶宝芬两位大师开设大师工作室，培养具有传承与创新能力的新传人。2003年，苏州桃花坞木版年画被文化部、财政部确定为中国民族民间文化保护工程项目之一。2006年，苏州桃花坞木版年画被列入首批国家级非物质文化遗产名录。2007年，学院被授予全国“非物质文化遗产保护工作先进集体”。2013年1月，由桃花坞木刻年画社在职与退休人员组成的桃花坞木刻年画社社友会成立，旨在全面贯彻“桃花坞木刻年画非物质文化遗产保护传承与创新”精神，从事木刻年画及传承创新的研究、宣传、教育、推广、培训、开发等工作。

叶：除了任副院长、社长等行政职务外，你还是画家、教授，在画画、学术上有哪些建树？

钱：谈不上建树。画画曾是我的专业，但是现在纯美术式的中国画需暂时让位于年画。履职期间，我主持了苏州桃花坞木版年画的传承工作，配合传承人挖掘复制传统作品近 50 件。指导复制的作品《文姬归汉图》入选第八届中国民间文艺山花奖民间工艺精品展；主持辅导复制的作品乾隆版《一团和气》在第十二届中国民间文艺山花奖民间工艺美术作品奖展中获精品奖。而历年来指导复制的年画作品在省、市各级展览皆有获奖。同时，在苏州工艺美术职业技术学院党委部署下，实施桃花坞木版年画新传承人教学培养计划，培养年画新传承人 30 名，改变了桃花坞木版年画传承人断代的局面。在学术方面，结合我从事桃花坞木版年画管理和研究的经历，以“桃花坞木版年画的文化内涵”为主题，探讨了桃花坞木版年画的本质属性、起源与发展、内容与题材形式、艺术特色和制作、创新与衍生品开发等问题，并参与出版了多种著作。

吴文康

研究员级高级工艺美术师

# 守望缂丝的千年之美

## ——对话省工艺美术名人吴文康

文／吴建伟

吴建伟：缂丝曾有“一寸缂丝一寸金”“织中之圣”的美誉，这么多年来您一直默默坚守着缂丝艺术的传承和推广，延续着经纬之间的千年奢华。请您谈谈是如何与缂丝结缘的。

吴文康：缂丝是中国丝绸艺术品中的精华，有文人赞誉它为“雕刻了的丝绸”。宋元至清，缂丝织品一直是皇家御用织物之一，帝王的龙袍，皇室贵族的衣饰，大厅、卧室、书房的屏风图案等，均是由缂丝织绣的。历代存留至今的丝绸艺术品中，属缂丝保存得最为完好。明代起，缂丝技艺在苏州城及周边的蠡口、陆墓、黄桥、光福、东渚一带广为流传。2006年5月，苏州缂丝织造技艺被列入第一批国家级非物质文化遗产名录。作为中国蚕桑丝织技艺的重要组成部分，2009年，苏州缂丝织造技艺被联合国教科文组织列入第四批人类非物质文化遗产代表作名录。

我是东渚人，小时候看得多，自然就喜欢上了这门手艺。20世纪80年代到90年代期间是苏州缂丝业的鼎盛时期，苏州地区的从业者多达8

吴文康，1960年4月生，苏州东渚人。研究员级高级工艺美术师、江苏省工艺美术名人、江苏省乡土人才『三带』名人、苏州工艺美术大师，代表作品有青绿山水、牡丹、寿星、百子图、虢国夫人游春图等，业绩载入中国民间文艺家大辞典、共和国建设者档案、苏州民间手工艺术和收藏等。曾被联合国教科文组织授予中国民间工艺美术家称号。

万余人。中学毕业后，我便拜师学艺。1986 年，我进入蠡口缂丝厂较全面、系统地学习缂丝技艺。不久，我就在东渚镇创办了苏州西部民间缂丝织绣厂，既当厂长又当师傅，培养出了一批又一批优秀的缂丝技艺人才。

吴建伟 :30 年多来，您一直致力于缂丝的研究，在保持古远的传统特色的基础上不断进行花样设计和传统品种开发的创新，推出百余个新产品。请谈谈您对缂丝艺术的研究以及部分获奖作品。

吴文康 : 好的。缂丝是一门古老的手工艺术，“通经断纬”的织造技艺独特，而织造工具却比较简单，只需一台木机、几十个装有各色纬线的竹形小梭子和一把竹制的拨子。织造时，匠人坐在木机前，按预选设计勾绘在经面上的图案，不停地换着梭子来回穿梭织纬，然后用拨子把纬线排紧。织造一幅作品，往往需要换数以万计的梭子，其耗时之长，功夫之深，织造之精，可想而知。由于织造的作品在图案与素地接合处微显高低，呈现出一丝裂痕，犹如镂刻而成，故又称“刻丝”。其成品正反如一，与苏绣双面绣有异曲同工之妙。缂丝机无法用现代机器代替，因此我们厂里的木质缂丝机全部按照宋代缂丝机制作。从艺以来，我采用缂丝传统工艺，研发和推广了 140 余种织物结构，申报了 10 多项专

《虢国夫人游春图》

利，破解了许多失传的古代织物组织结构。作品《百子图》获2009“天工艺苑·百花杯”中国工艺美术精品奖金奖，作品《虢国夫人游春图》获2012第七届中国（长春）民间艺术博览会民间艺术品金奖。

吴建伟：您的作品具有观赏与实用相结合的艺术价值，深受国内外客商的欢迎，饮誉国内外市场。请您给我们介绍一下。

吴文康：作为缂丝的传承者，在传承缂丝工艺的基础上，我也肩负着弘扬传播缂丝文化的重任。为此，我在原本设立的苏州西部民间缂丝织绣厂的基础上，又开设直营店，让顾客能更直观地与缂丝近距离接触。自1992年起，我又陆续多次参加国内外举办的民间艺术展，获奖无数。2007年6月，我受邀参加文化部在首都北京举办的“非物质文化遗产日”活动，并被授予“文化遗产日奖”。同年6月，我所领导的苏州西部民间缂丝织绣厂被江苏省民间文艺家协会授予“江苏省缂丝传承基地”。2008年，我受邀为参加世博会的元首夫人们“定制”旗袍。由于60套旗袍的面料款款不同，并要实现水墨画的效果，对我来说是一次挑战。最终，我按规定时间完成订单，交到客户手中时，大家都为眼前的缂丝精品所震撼。2009年4月，中国华夏文化遗产基金会与中央电视台来我们厂拍摄非物质文化遗产缂丝工艺专题纪录片，在央视九套《中国智慧》栏目和中央一套、二套分别播放。2011年4月，我还登上权威杂志《收藏》。2013年5月2日至5月16日，我在香港理工大学设计学院展厅举行了主题为“一寸缂丝一寸金”的展览，此展览在香港获得了很大的成功，数万人参观，香港《文汇报》以及英文的《南华早报》都刊登了此展览的消息。随后，我不断收到澳大利亚、意大利和新西兰等国家设计界的邀请，前往这些国家举办类似的展览。

吴建伟：请您谈谈未来的计划。

吴文康：30多年的从艺经历，已使我与缂丝艺术融为一体，虽然已经复制开发出百余种缂丝名画和织物，但是我并没有就此停滞。为了使缂丝能更好地传承下去，近年来，我积极与各大高校联系，先后有台湾的美术教授和苏州大学的学生来我们厂里学习缂丝技术。2013年的暑假，苏州大学的2名学生更是在我的指导下独立完成了两幅作品。接下来，我会继续积极与学校合作，让缂丝艺术能够在年轻人中传承下去。此外，为了使缂丝能更被大众熟知，宣传缂丝文化，近年来，我更是不断研究缂丝面料，与众多设计师合作，使缂丝与日用品能更好地结合，走入人们的日常生活。

卢福英 省级非遗（苏绣）代表性传承人

# 用创新思维书写新苏绣

## ——对话省级非遗苏绣代表性传承人卢福英

文/崔冰

崔：请问您是从什么时候开始学习刺绣的？

卢：我出生在太湖湖畔一个有着传统苏绣刺绣艺术的乡村。绣乡的一草一木哺育了我，使我深深地爱上了绣乡，更爱上了绣乡的刺绣艺术。自8岁随母学刺绣起，不曾间断地从事台布、扣边、裙花、鞋花、睡衣、靠垫、围巾、枕头、被面、戏袍、旗袍、领带、衬衣等各类日用品和动物图案类欣赏品的刺绣练习与直接加工制作，打下了扎实的绣艺基础。

崔：那是在什么时候您的从艺之路开始出现转折？

卢：我在1983年到苏绣总厂向殷老师等前辈高手学习双面绣技艺，又在1989年拜苏州刺绣研究所中国工艺美术大师顾文霞以及王祖识为师，主攻人物肖像，开始刻苦学习、用心钻研。无论动物、静物、风景或古今人物题材，我都积极调动形象思维。在长期刺绣艺术的创作中，我从多角度、多方位研究苏绣艺术的表现手法，探索苏绣艺术线条、色彩、光泽的微妙变化所演绎的不同

《钟山竞秀》

的艺术效果，形成了自己独特的艺术观念。

崔：您在长期的从艺过程中，有哪些心得体会可以和我们分享一下？

卢：岁月悠悠，红尘滚滚，刺绣艺术千百年来在历史的长河中不断演绎着自己华美的生命乐章。这种根植于传统文脉、具有悠久历史的手工艺术在每个历史时期都彰显着自己所具有的独特艺术魅力，尤其在人文气息浓厚的江南太湖之滨，这种遍布农耕之家的丝线艺术已渗透进每个人的血液之中。苏绣文化发展至今，刺绣艺术已不仅仅是一项生存活计，不再只是于一尺见方之内行针走线的工作，而是一种生活方式和对待生活的态度。从幼儿时期的耳濡目染，到刺绣强势地介入自己的生活，融入自己的生命，成为一种情感的寄托，一路走来，每日拈针手中，当卢福英，女，1962年生，苏州人。研究员级高级工艺美术师、江苏省工艺美术大师。2008年被认定为第二批江苏省非物质文化遗产项目（苏绣）代表性传承人。自幼热爱刺绣，擅长绣人物、山水、花鸟、动物等。代表作品有：肖像绣邓小平像，1998年荣获北京首届中国国际民间艺术品博览会金奖；玉兰迎春，2001年荣获上海第三届国家级工艺美术大师精品博览会金奖；2007年，云光紫气沐青山获得『百花杯』中国工艺美术大师作品暨工艺美术精品博览会『百花杯』金奖；大型苏绣作品江南三月春意浓，被北京人民大会堂陈列于江苏厅；人像绣日本天皇全家福被日本皇室收藏。

丝线轻轻滑过绸缎的经纬之间，留下葱郁的光阴岁月，既是对生命情感最饱满的记述和对生命最深刻的体悟，也是对经典的崇敬和对新生的渴望。

崔：卢老师，在您的从艺生涯中，有哪些主要获奖作品及代表作？

卢：代表作品有：陈列在人民大会堂江苏厅的《江南三月春意浓》、南京大剧院的《钟山竞秀》、香港廉政公署的《红梅报春》等大型苏绣作品，以及《改革开放的总设计师邓小平》《马来西亚总理马哈迪尔》《新加坡国父李光耀》《印度尼西亚总统苏哈托及夫人》《日本天皇全家福》《伟人之约》等肖像绣作品。获奖作品中比较有代表性的有：1998年，肖像绣《邓小平像》获首届中国国际民间艺术博览会金奖；2007年，作品《云光紫气沐青山》获第八届中国工艺美术大师作品暨工艺美术精品博览会“百花杯”金奖；2008年，作品《重彩系列》荣获第四届深圳文博会特别金奖；2009年，作品《美洲狮·狐狸》获中国（深圳）第五届国际文化产业博览交易会中国工艺美术文化创意奖金奖；2012年，作品《灿烂瞬间》获第十三届中国工艺美术大师作品暨国际艺术精品博览会金奖；2013年，作品《捣练图》获第十四届中国工艺美术大师作品暨国际艺术精品博览会金奖；2015 年，作品《姑苏繁华图》在 2015 中国（深圳）第十一届国际文化产业博览交易会上获得中国工艺美术文化创意奖金奖；2019 年，作品《群仙会》获首届“百鹤杯”工艺美术设计创新大赛百鹤奖。

崔：那您获得了哪些职称、荣誉称号？

卢：从 1996 年开始，我陆续获得了苏州市“三八”红旗手、江苏省“三八”红旗手 、苏州市首届“十大女杰”、江苏省工艺美术名人、江苏省工艺美术大师的荣誉称号。获取了研究员级高级工艺美术师的技术职称。当选为苏州市第十一、十二、十三届人大代表，并担任镇湖刺绣协会副会长职务。2008 年，被苏州市命名为首批非物质文化遗产项目（苏绣）代表性传承人，被江苏省命名为省级非物质文化遗产项目（苏绣）代表性传承人；2016 年，获姑苏宣传文化领军人才荣誉称号，获得国务院授予的政府特殊津贴；2017 年，获得江苏省委组织部、江苏省经信委、江苏省教育厅、江苏省人社厅、江苏省文化厅联合授予的江苏省乡土人才“三带”名人称号。

崔：能阐述一下您发表的论文及主要的观点吗？

卢：2006 年 4 月，《浅论肖像刺绣的历史发展》发表于艺博网“学术研究”栏目；2011 年，《浓妆淡抹总相宜》发表于第 7 期《浙江工美》杂志；2011 年，《论现代苏绣的表现技法》发表于第 4 期《中国工艺美术》杂志；2011 年 7 月，《一团和气的完美转型》发表于《中国美术报》。至于观点，我个人认为，在当代意识形态下，刺绣应立足于当下的人文环境，传达当代人的思维理念。作为当代刺绣艺术家，面对当下的刺绣生态境遇，要有跳出一切概念（传统、当代、东方、西方等）方阵、打破固有的艺术格局、触摸艺术底线的勇气。以表达个人最真实的情感为基点，孤注一掷地“一意孤行”，才能独立出思想和人格，随心所欲，轻松表达，用创造性思维书写刺绣新的历史。

王晨
省级非遗（漳缎）代表性传承人

# 苏州漳缎在我心中

## ——对话省级非遗漳缎代表性传承人王晨

文／叶正亭

叶：2014 年北京 APEC（亚太经合组织）会议上，各国领导人及配偶的“新中装”集体亮相后，引起了世界瞩目。“华而不炫，贵而不显”的服装特色，彰显了中国文化元素，其中便有一款领导人女配偶的服装用到了漳缎面料。你作为苏州漳缎织造技艺的传承人，有怎样的感受？

王：非常欣喜。我是在 APEC 欢迎晚宴的前两天被吴江鼎盛丝绸有限公司董事长吴建华电话告知这件事的，因为是他同时提供了宋锦和漳缎两种面料，并要我归纳几点漳缎的技艺特点，以便接受媒体采访。11 月 10 日晚，我盯着电视屏幕，一眼就认出了那件在袖口部位有海水江崖纹的大红色外衣的面料是漳缎。可惜央视介绍时说成了“福建漳缎”。之后，漳州即刻掀起“漳缎热”，派出媒体组和文广新局官方团前来苏州调研，并筹划申遗。一时间让苏州不能再沉默了。通过市非遗办、市丝绸行业协会、苏州丝绸博物馆及我本人对漳缎的介绍，漳州的领导和媒体终于对漳缎的前世今生有了共识。

王晨，女，1962年生。1980年被分配到苏州丝织试样厂，从事丝织品设计工作。师从姜如英老师学习丝织纹样设计。1982年考入苏州市纺织职工大学，攻读丝织专业。1993年进苏州丝绸博物馆工作，从事古代丝绸复制，先后成功研制了明代织锦图案五湖四海纹、四季花开纹漳缎和故宫藏品多彩漳缎，并发表论文论苏州漳缎的科技成就与传承等。2014年被认定为江苏省非物质文化遗产项目（苏州漳缎织造技艺）代表性传承人。

叶：漳绒和漳缎有关系？

三：对。苏州的能工巧匠十分聪慧，他们吸纳了漳绒的起绒织造技艺，结合当时成熟的苏缎工艺，取用缎纹组织结构来展现绸面质地的富丽，同时又引入了云锦大提花图案的风格特征，将这几者之长巧妙地结合起来，运用束综提花织机的提花原理，再根据绒织物的结构特点，创造了独有的装造设备和织造工艺，制织出了一种既是贡缎质地又类似云锦风格的大提花，并且将花纹图案织成像漳绒那样的绒结构，使它比漳绒更立体，更突显出绒的魅力，也由此赋予了漳缎华贵却含蓄不张扬的气质。正因为漳缎的起绒织造工艺源于漳绒，又以缎纹为织物基本组织，才被命名为"漳缎"。

叶：那您是什么时候接触漳缎的？

王：这要从我 1980 年 1 月进入丝绸行业说起。当时，苏州丝绸工业局招丝绸产品设计学员，我通过报考录取，被分配进了苏州丝织试样厂。这是一家以承担苏州地区丝织产品设计研究及试样为主要功能的专业单位。经过半年对丝绸纹样及丝织品种设计基础知识的专职学习，我以名列前茅的成绩被挑选进入设计室，师从 20 世纪 60 年代苏州丝绸工学院科班出身的姜如英老师，学习丝织

漳缎女服（苏州丝绸博物馆藏）

纹样设计。1982 年时，我为了充实自己，考入了全脱产的苏州市纺织职工大学丝织专业，除高等数学、物理学、有机化学等全省统考的公共课目外，系统学习了丝织学、纹织学、纺织机械、厂房设计等专业课。在校学习期间，我首次知道了漳缎这样的优秀产品，并到潘宜平负责的苏州漳绒丝织厂参观学习，在那里第一次看到了漳缎的生产操作，当时就对那台特别庞大而复杂的织机感到异常惊奇，至今还印象深刻。

叶：那您真正对漳缎有较多认识并进行研究，是什么时候？

王：1993 年 7 月，我进入苏州丝绸博物馆工作，开始接触和从事古代丝绸的研究。当时馆里正在进行几件青海出土的唐代织锦的复制任务，我便参与其中，分析织物结构和图案结构，绘制意匠图，学习用手工的办法按意匠图来挑制花本，向同事了解传统织机织造原理。传统织机的运行方式与现代织机的运行方式有很大的不同，这样的装置及织造技艺，在中国延续了千年，并影响了世界纺织史。复制古代丝绸文物的经历，让我逐渐对中国传统的纺织织造技艺有了更多、更深的认识，并在工作中学会了这些关键技术的操作。除此之外，馆里织造纺内展示的漳缎织机也是我一直关注的目标。钱小萍馆长在建馆之际就极力保护漳缎织机，并将之作为传统丝织工艺重要的活态传播形式进行展现，特聘了原苏州漳绒丝织厂老师傅谢明根在现场操作并带徒传艺。谢明根至 1995 年 80 岁高龄时才离开我馆。

叶：关于漳缎的申遗，首先是由您发起的吗？

王：是的。中国的非物质文化遗产保护工作在 2004 年之后才开始被重视起来，苏州的宋锦是率先申报的，由钱小萍馆长带头，我也参与了部分文本的撰写、实物资料的拍摄等前期准备工作，包括 2009 年初，由中国丝绸博物馆牵头申报“中国蚕桑丝织技艺”人类非遗，提出将苏州的宋锦、缂丝一并打包列入时，我做了一些配合工作并在承诺书上签名。也就在这个过程中，我发现申报文本中包含的丝绸品种只有杭罗、绫绢、宋锦、缂丝和蜀锦（云锦为单独申报），而没有绒，尤其是没有至今依然不能完全用机器替代操作的复杂漳缎。漳缎的织造技艺难度绝不亚于其他产品，但它连最基础的市级非遗都不是，没有资格列入。由此，我便有想法要将它申遗，它不能被遗忘！ 2009 年 4 月，在馆领导的支持下，我着手查阅资料，开始撰写申请市级非遗的文本。同年 11 月，我又在同事们的帮助、支持下，向清华大学艺术与科学研究中心设立的柒牌非物质文化遗产研究与保护基金申报了“苏州传统漳缎技艺研究”课题，获得了评审专家的支持，拿到 10 万元的重点项目资金。借助这笔资金，我开始对漳缎的前世今生做系统调查和研究：和同事专赴福建省博物院、福州市博物馆、漳州市博物馆、漳州市非遗办等单位了解漳绒的产生、发展轨迹；两次赴北京故宫博物院观摩院藏的清代漳缎实物，在现场分析了十多件漳缎的特色；还赴目前保留漳缎、漳绒生产的丹阳和海安考察实情；同时培养本馆的操作技工学习漳缎的生产技艺，指导她们恢复了那台极为复杂的、原汁原味的古老漳缎织机，在这期间还对各道工艺过程进行文字记录和影像记录。2010 年时，我在苏州市非遗办的支持下，成功申报省级非遗项目。我本人也在 2012 年获评市级苏州漳缎织造技艺代表性传承人，2014 年获评省级传承人，培养的技工马梅君获评市级传承人。所承担的清华大学柒牌非遗基金项目也顺利结题，并获评优秀项目。这是该基金成立五年间 64 个项目中仅有的 3 个“优秀”之一。项目入选纪录片《中国，才是美》第二集《华美漳缎，温暖岁月的襟怀》，在网上播映。

叶：这个成果值得骄傲！您为苏州漳缎申遗做了很多工作，也为提升漳缎在全国的影响力做了很好的铺垫。听说您还有一些研究性的论文或著作发表。

王：论文《从传统丝织工艺谈漳缎的技术特征》发表于国家级期刊《丝绸》2003 年第 5 期和第 6 期，并获苏州市自然科学优秀学术论文三等奖；论文《论漳缎织机的科学性和学术价值》发表于《现代丝绸科学与技术》2012 年第 4 期；论文《论苏州漳缎的科技成就与传承》发表于《江苏丝绸》2014 年第 4 期。著作方面，2005 年在由路甬祥任总主编、钱小萍主编的《中国传统工艺全集：丝绸织染》中，我编写了讲述漳缎和漳绒的章节，并得到钱老师的指导；还在由我负责的《苏州百年丝绸纹样》《苏州科技史话》两本书中都入编了关于漳缎的内容。

叶：今后有怎样的目标与期望？

王：我在故宫看过几件高水平、高质量的漳缎藏品，一直想要将它们

秋香色缠枝莲纹漳缎（故宫藏品，王晨复制）

复制出来，尤其是体现最高技术水平的《多彩漳缎》。由于看文物时不能拍照，不能停留较多时间来分析，因此要实施复制不是一件易事。从 2013 年开始，我就与故宫商谈此事，直至后来签订协议，获得了较为清晰的影像资料。目前，我已借助苏州市宣传部对姑苏文化领军人才的经费资助，正式启动“故宫漳缎藏品研究及多彩起绒技艺复原”项目，将通过选择 2—3 件不同类型的漳缎文物进行复制，研究和记录工艺，传承技艺。我期望研究工作能顺利进行，我能够在今年我馆整修一新的展厅里陆续向公众汇报成果，展现古代劳动人民的智慧，还期望漳缎技艺能成为国家级的非遗项目，让国粹一代一代流传下去。有个好消息是，2016 年 5 月，整修一新的苏州丝绸博物馆重新对外开放，试制成功的故宫藏品《多彩漳缎》同时展出。

钟锦德 省级非遗（红木雕刻）代表性传承人

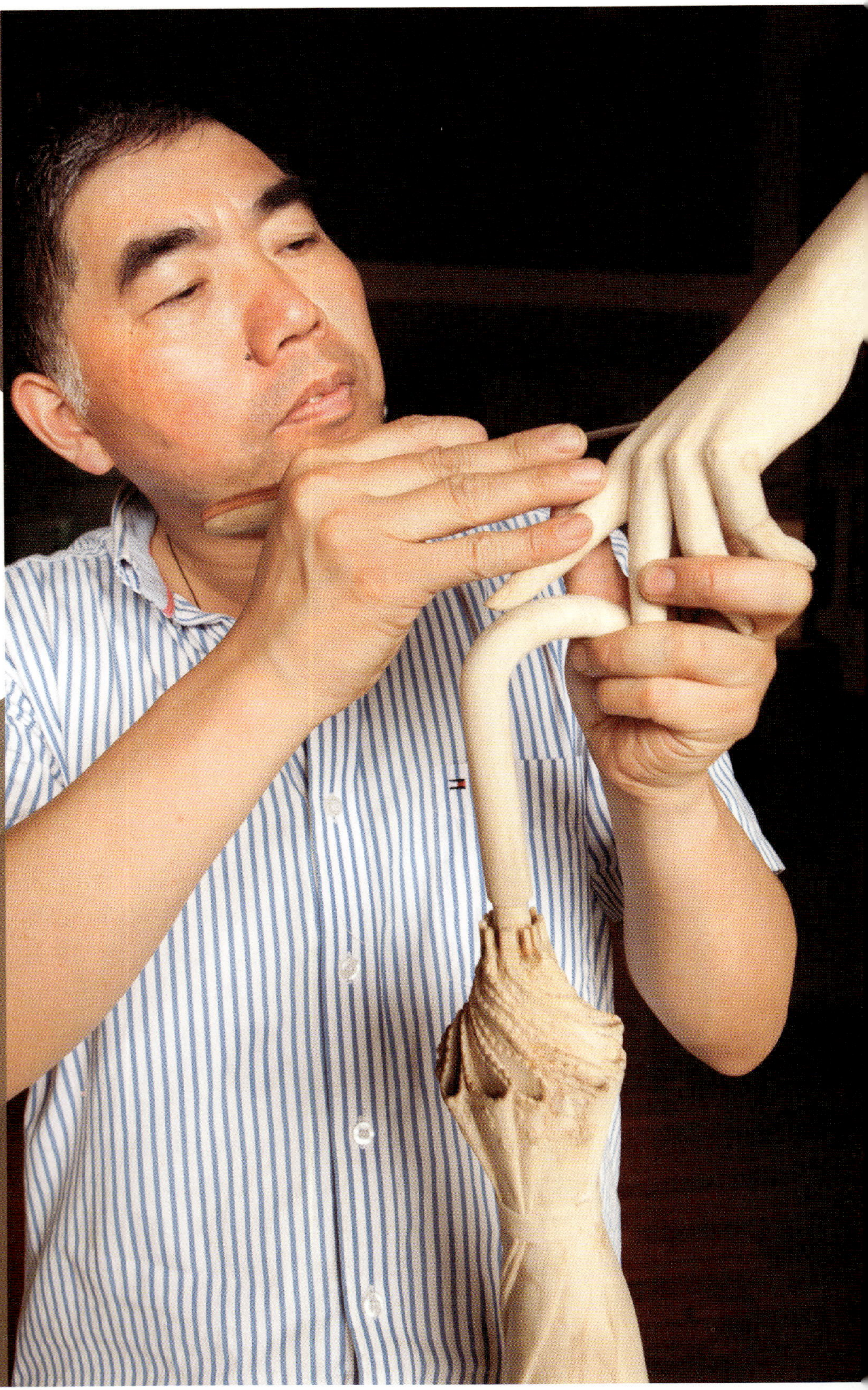

# 『自觉的手艺守艺』

## ——中国工艺美术大师钟锦德访谈录

文/叶志明

叶：钟大师，你好！见到你让我想起了在苏州博物馆举行的“苏艺天工大师系列——钟锦德红木雕刻艺术展”，从红木小件到家具陈设，从现代木雕到园林微观，从抽象符号到精雕细刻，展上作品琳琅满目，为此我戏称你为“全能冠军”。当然，这么说，有一点嘲谑的意思。为什么呢？因为我觉得你太“能”了，“能”得让人忌妒了。

钟：叶老师，你言过了，我觉得那次的个展，是对我从艺40年经历的一次总结。40年间，我寻寻觅觅，发现了“自觉的手艺守艺”。“自觉的手艺”就是具有坐标感的手艺，让我明白了自己应位于整个图景的哪一个点上“守艺”。手艺的历史漫长，继往开来，古今中外，你得明白自己位于何处，明白你要干什么，你能干什么，以及学手艺的目标，做这件事的意义。至于“全能冠军”，应该解释为一种多元。多元是工艺创作时代性的彰显。多元好比是一个木作空间的整体景观，学会在整体中看局部，在局部中探微观，只有坚持整体上的多元格局，才会有利于你的一元生存（个人特征），这样的创作一般多能达到还原历史、观照当下、面向现实的出新效果。个人的知识点往往会“固执己见”，此时就需要有某种与己不同的审美目光来跨界、逾越、衍化，需要一种对传统文化“棒喝”的能力，就是“以古人之规矩，开自己之生面”。40 年来，我为不具生命的木头赋予新的灵魂，让停滞的时间再次恢复流动，找出另一种生命延续的秩序感来致敬“香山帮”皇家大工匠，重新诠释东方审美哲学。

叶：你作为新中国成立以来年轻人中的江苏省第一位中国工艺美术大师，平时与木作圈子交往不多，你觉得孤独吗？

钟：我是很支持协会、学会等行业内的各类圈子活动的，也很欣赏圈子的氛围，大家互相支持、取暖以至于激励，但有时实在挤压不出时间。至于孤独，我想，艺术就是一场没有陪伴的旅行，它的本质是孤独的。难得空闲，我喜欢在工作室独处。也许只是在细酌慢饮一盏茶的时间内，享受一次短暂的自我放逐，对自己进行小小的审视；也许什么事也想不起来，只有一片空白，安安静静地若有所悟。虽然无人为你喝彩，但能让你更加真切地感受到生命的深度，咀嚼精神的韧性。

叶：时间对你来说很宝贵，但你每年在“传统文化进校园”及各种评审工作上耗时耗神，你觉得值得吗？

钟：值得不值得，不是以利益来衡量的，这实际上是小我与大我的关系。在各式头衔、荣誉面前，其实是责任重于泰山，我必须在小我与大我之间不断切换，扛起社会责任，为大我的大局贡献出小我的价值，共建更美好的社会。“传统文化进校园”工作是吴中民协的“名片”之一，也是作为主席团成员的我的分内之责。学校授课可以根据我的时间来调剂，但评审工作是一项“招之即来”的差事，接到通知后，公司里一切大小事务必须让位。近年来，我先后担任了北京林业大学工艺美术大师进校园专家、长三角青年手工艺人发展实践基地导师、苏州市职业大学兼职教授、苏州钟锦德，1963年生，苏州光福镇人。研究员级高级工艺美术师、中国工艺美术大师，江苏省非物质文化遗产项目（苏州红木雕刻技艺）代表性传承人。1980年高中毕业后，拜香山艺人李兴根、郁根龙、石生安等多位民间名匠为师。在木雕行业从艺40年，对工艺和用材皆了然于心，在红木小件雕刻和明式家具设计与制作上皆有独到之处。每一件玲珑精致、气韵生动的雕刻作品都饱含了他的匠心和精魄，万象万物，融于方寸之间。

技师学院企业教授咨询官、苏州技师学院创意服务系苏州传统工艺技术专业班指导大师、苏州工艺美术职业技术学院兼职实训教授、苏州工业职业技术学院企业教授、国家艺术基金授课专家、苏作智库专家等职。

叶：具体在传承、发展、创新方面，有哪些举措及成效？

钟：针对院校的“双师”推进工作，我与苏州市职业大学深度合作，通过校企合作，成立了钟锦德技能大师工作室和苏作明式家具协同创新中心，为院校、博物馆、论坛授课50余场。我结合自己的技艺和古典家具的设计能力，在现代学徒制、新工艺技艺传承、技术技能成果转化等方面，积极地开展探索、实践、应用和创新。其间，我还承担了《手工木工国家职业技能标准》《工艺品雕刻工（木雕）国家职业标准》《江苏省残疾人职业技能比赛木雕项目技术》《江苏省首届乡土人才技艺技能大赛木雕项目技艺工作》《第45届世界技能大赛江苏省选拔赛精细木工项目技术》《吴中区传统技艺技能比赛木雕和精细木工项目技术》等文件的编写工作，参与了国家艺术基金2018年度资助项目“苏作雕刻工艺传承与创新人才培养”申报工作。

在带徒授艺方面，我将身怀的绝技，通过口手相传、口传心授的

《月光曲》

方式，细心、耐心地传授给年轻一代。迄今为止已收徒 66 名，其中 3 人为江苏省技术能手，3 人为江苏传统技艺技能大师，5 人为高级工艺美术师，5 人为工艺美术师，2 人有高级工职称，2 人为江苏省乡土人才“三带”新秀，1 人获苏州市民间工艺家、吴中区红木雕刻技艺代表性传承人、吴中工匠等荣誉称号。在创作方面，在苏州博物馆、江苏省园艺博览会、南京博物院非遗馆、宜兴大觉寺佛光缘美术馆、江苏省工艺美术馆等地举办了个展。在学术方面，发表了 33 篇论文。出版专著有《百工录——中国工艺美术记录丛书 · 红木雕刻》《苏艺天工大师系列 · 钟锦德红木雕刻艺术作品集》。

叶：谈谈你的作品吧，代表作是哪些？获奖作品有多少？

钟：主要代表作为《佛心》，是我以娴熟的木雕技艺向北宋真珠舍利宝幢苏作木雕巅峰之作致敬的作品。《佛心》以珍贵的紫檀雕成，运用阴阳雕、平面雕、高浮雕、透雕、镂雕、立体圆雕等技法，以古建筑营造方式精心设计与制作，再现了一尊令人惊叹的当代佛塔。

获奖作品我没有具体统计过，但国家级金奖有11项，省级金奖17项、铜奖7项。

主要金奖作品有：《丝路奏章》《听琴》《生命之源》，分别获得东方工艺美术之都博览会"迎春花"奖及特别荣誉奖；《竹韵桌椅》获中国"苏艺杯"国际工艺美术精品博览会金奖；《百骏图》获中国工艺美术大师作品暨手工艺精品博览会"百花杯"中国工艺美术精品奖金奖；《慧定护法》获"金凤凰"创新产品设计大奖赛金奖；《独鹫图》获中国（深圳）国际文化产业博览会中国工艺美术文化创意奖金奖。

## 沈劼

研究员级高级工艺美术师

# 『清雅静安』的设计理念

## ——对话江苏省工艺美术大师沈劼

文/崔冰

崔：沈老师，请谈谈您的从艺起点。

沈：我 1981 年被分配进入苏州檀香扇厂，最早是在绘画车间学画绢宫扇。檀香扇厂的环境比较清雅,都是古色古香的建筑。我拜周天民先生的妹妹周冰青师傅为师，学习绢宫扇小写意的画法。因为我本来就是国画专业的，所以进步也比较快。但才一年多就被转到了烫画车间,也叫烫花车间,专门从事檀香扇的烫画工作。烫画也叫火画，起初是用炭把铁烧热，就是所谓的铁笔，利用温度传导的原理，用铁笔在檀香扇上烙出各种画面和图案。我进厂时,铁笔已改良成电笔。电笔的使用比较轻便，更容易控制温度。用中国画的线条勾型,皴擦表现明暗,产生立体感和层次感。那时，檀香扇扇面的绘画内容大多是翎毛花卉、仕女园林等题材，从简单到复杂进行练习，让我渐渐地对这门技艺运用自如了。

当时，檀香扇厂厂长汪传馥为了提高刚从美校、职大等学校毕业的一批青年职工的积极性以从

檀香折扇《礼观音》

中发现人才，组成了一个复制小组，我也是其中一员。这个小组是专门复制高档檀香扇产品的，每个人都有各自的设计任务。在此期间，我先后创作了开合半径 50 厘米的檀香折扇《释迦牟尼佛会》、37 厘米的《唐明皇游月宫》，分别获得了苏州市“五小”发明奖和苏州市工艺美术精英展二等奖，不久就被调至厂设计室工作。从此，我正式走上了檀香扇创作之路。后来，我在老师傅和设计室同志们的指导下，技艺水平不断提高，先后设计制作了大量的檀香扇艺术作品。

崔：请您谈谈从艺以来的主要业绩与艺术思想。

沈：从檀香扇厂设计室到后来的香洲扇坊，我的檀香扇作品创作渐入沈劼，1963年生，苏州人。研究员级高级工艺美术师，江苏省工艺美术大师。1981年进苏州檀香扇厂工作，师从著名檀香扇设计师周天民的妹妹周冰青，学习绘画绢宫扇，也学过檀香扇烫画技艺，后调派到设计室，从事檀香扇设计创作工作。代表作品有释迦牟尼佛会、释迦弘法图、闺趣、观自在菩萨等，作品多次参加市、省、全国各级展览并获得金、银、铜奖。

佳境，也开始被大众认可。我开始参加一些展览和大赛，从市一级到省一级，再到全国性的大展，收获了许多的金、银、铜奖及优秀作品奖。其中，作品《观自在菩萨》荣获第八届中国工艺美术大师精品博览会金奖，《吉祥十八罗汉》获得第九届中国工艺美术大师作品暨国际艺术精品博览会“天工艺苑·百花杯”工艺美术金奖，檀香宫扇《闺趣》荣获2016年中国（苏州）“启迪·苏艺杯”国际工艺美术精品博览会金奖。我获得了研究员级高级工艺美术师职称，被授予了苏州市工艺美术大师、江苏省工艺美术名人、江苏省工艺美术大师荣誉称号 。

在长期的艺术实践中，我也有了很多体会，觉得一个好的工艺家需要有“学养作为”的基础，精神层面要有一个高度。工艺美术的创作，同样要有思想、有意境，需要奇想妙得。画面的构成要符合最基本的艺术法则和规律，要处理好宾主、开合、虚实、聚散、大小、黑白、疏密、奇正、险稳等关系。好的作品不是要赶潮流，而是要符合审美，给予人美的享受和心灵的宁静。所以我的作品创作趋向求清、求雅、求静、求安，突出“清”“雅”“静”“安”四个字。

崔：能谈谈您的代表作品吗?

沈：我的代表作品有《释迦牟尼佛会》《释迦弘法图》《八供图》《观自在菩萨》《礼观音》《嫦娥》《闺趣》《法弘东土》等。

宫扇《闺趣》是我制作的一件颇有特色的作品，它虽是一把传统形式的檀香双框宫扇，但在两个方面有了较大的改进：一是画面背景拉花借鉴剪纸艺术的表现方式，使园林景色作为画面人物的陪衬，相得益彰，辉映成趣，示人以疏朗含蓄之美；二是在烫画方面一改传统的以线描为主的方法，基本上以渲染的方法表现了仕女衣裙的细腻柔软，刻画了江南女子稳重清丽、温柔端淑、娴静纯情、天真自然的美好形象，不流于俗套，基本传达了所描绘对象的精神内涵。

崔：请您介绍一下苏扇博物馆的缘起。

沈：为了让大众更多地了解苏扇艺术，推广优秀的传统文化，2011年，我和张良先生经过反复研究，觉得应成立一家有苏州地方特色的苏扇博物馆。不久后即由张良先生负责藏品的收集，我开始着手申报工作。经过一年的努力，由江苏省文物局批准，于2012年正式成立了苏州苏扇博物馆。起初馆址设在木渎严家花园旁，因馆址较偏，几乎无人问津。为了让苏扇更广泛地传播，苏扇博物馆在2016年12月搬迁至苏州平江路卫道观前。如今苏扇博物馆每天可接待数百人，节假日人更多。我也经常为有需要的团体和嘉宾讲解相关知识。衷心希望在中国艺术作品百花齐放的时代里，苏扇传统文化能够得到更好的继承和发展!

**卢招娣**

高级工艺美术师

江苏省工艺美术名人

# 乐为红色主题绣

## ——对话江苏省工艺美术名人卢招娣

文／崔冰

崔：请谈谈您的从业起点和经历。

卢：我于 1963 年出生在苏绣之乡——镇湖，从小耳濡目染，便喜欢上了刺绣这门艺术。1977 年进镇湖刺绣和服腰带厂，1979 年进东山文教工艺厂。后师从中国工艺美术大师顾文霞、王金山。随着苏州经济的迅速发展，苏州旅游业升温，苏绣工艺品畅销国内外，苏绣市场前景看好。一批批镇湖绣娘亦瞄准这一市场，纷纷来到市中心或去外地开店。1989 年，我和丈夫袁兴男也兴冲冲地来到了苏州古城内，经亲戚介绍到了苏州工艺美术研究所“艺人之家”，地址在中街路。当时，“艺人之家”负责人周以朴就与我协商，让我来负责一个 12 平方米的闲置旧门面，并同意我在这里寄卖一些刺绣工艺品。后来，我将门面整修一新，在两个三尺高的玻璃柜台里放满了刺绣工艺品，就在这“小天地”里做起了生意，同时从事刺绣工作，踏出了创业之路的第一步。经过 8 年的共同生活，我与“艺人之家”的老阿姨们和睦相处，互助互教，结下卢招娣，女，1963年出生，苏州人。高级工艺美术师，江苏省工艺美术名人。师从中国工艺美术大师顾文霞、王金山，擅长刺绣肖像、花卉、山水和动物，还能修复古代刺绣品。1997年创办『艺人绣庄』，现更名为『卢招娣刺绣大师工作室』。2004年赴法国参加『中国周』中法民间艺术节刺绣表演，受到法国当地的高度评价。2007年巨幅单面绣立屏毛泽东在北戴河荣获第八届中国民间文艺山花奖，2016年绣制的巨幅绣品红军三大主力会师在2018年获得第十三届中国民间文艺山花奖组委会特别奖，该作品现收藏在中国军事博物馆。

了深厚的友谊。与此同时，我从一个农村绣娘成长为一名成熟的刺绣艺人，技艺进步很快，经济收益也不差。但是好景不长，问题来了：苏州工艺美术研究所企业改制，12 平方米的门面被拆掉了。怎么办？是留还是走？我们夫妇俩一筹莫展。后来经过再三考虑，我们选择了留守，租下了工艺研究所二楼的 100 多平方米的房子，于 1997 年创办了“艺人绣庄”。经过 5 年的努力，“艺人绣庄”生产的绣品销路看好，生意红红火火，这为今后的发展奠定了良好基础。2001 年，“艺人绣庄”更名为“苏州市卢招娣绣庄”，老店重装，迁址到中街路 68 号，总面积为 180 平方米，前店后坊。底楼陈列刺绣产品并设有刺绣工场，二楼为刺绣精品展示馆。2010 年又改名为“卢招娣刺绣大师工作室”。

翟：请您介绍一下苏绣的发展历史。

卢：自古以来，刺绣技艺传承以家庭与绣庄学艺的师徒传承方式为主。家庭传承多为“母教女，嫂教姑”。从清末开始，苏绣艺术家沈寿夫妇在马医科成立绣校，招收女子教习刺绣。之后，女子学校也设立刺绣科，教女学生刺绣。于是，在城市中出现了刺绣学校教育与师徒学艺、家庭传承相结合的传承方式，但其具体传承方式仍以口传心授为主，即边刺绣边讲解。在广大农村，在 20

世纪 80 年代前，刺绣技艺传承仍以家庭传承为主。目前有确切传人并有重大影响的苏绣传承谱系可分为三大体系：一是以沈寿为代表，以仿真绣为主的传承谱系；二是以杨守玉为代表，以乱针绣为主的传承谱系；三是以金静芬为代表，以传统细绣为主的传承谱系。

崔：您长期从事苏绣工作，请谈谈您多年来的主要获奖作品。

卢：2002 年，绣品《牡丹》荣获苏州市工艺美术作品展一等奖。2006 年，绣品《荷韵》荣获苏州民间艺术精品展金奖。2007 年，绣品《毛泽东在北戴河》荣获第八届中国民间文艺山花奖、中国艺术博览会金奖。2008 年，绣品《维摩寅教图》荣获江苏省“艺博杯”工艺美术精品奖银奖。2009 年，绣品《天鹅湖》荣获江苏省“艺博杯”工艺美术精品奖银奖。同年，我荣获共和国艺术家金星奖。2010 年，肖像绣《哈萨克斯坦总统在办公室》荣获中国民间艺术最高奖金龙奖。2012 年，绣品《群仙祝寿》荣获中国民间工艺品博览会金奖。2013 年，绣品《龙袍》荣获第三届东方工艺美术之都博览会金奖。2013 年，绣品《簪花仕女图》荣获第三届东方工艺美术之都博览会迎春花奖。2014 年，绣品《猴》荣获江苏省工艺美术精品博览会“艺博杯”金奖。2016 年，绣品《敦煌飞天》荣获中国“苏艺杯”国际工艺美术精品博览会金奖。2018 年，绣品《红军三大主力会师》荣获第十三届中国民间艺术山花奖组委会特别奖。特授苏州市民间文艺金桂奖荣誉大奖。此外，我还先后修复了巨幅清代《红地盘金绣缎绸幔》和明代《沐浴皇恩图》《释迦牟尼佛绣像》等古代绣品。2019 年，我的工作室被列为苏州姑苏区刺绣修复非遗项目单位，本人被认定为苏州姑苏区刺绣修复传承人。

在获奖绣品中，我最满意的有两幅绣品。第一幅是大型绣品《毛泽东在北戴河》。2004 年春天，我承接了苏州市中外名人研究会、苏州刺绣文化艺术研究中心订制的一幅《毛泽东在北戴河》肖像绣的绣制任务。这幅伟人肖像绣是根据我国著名摄影家侯波

2016 年苏绣巨作《红军三大主力会师》

在 1954 年拍摄的一幅黑白照片《毛泽东在北戴河》绣制的。这幅伟人肖像绣高 3 米，宽 1.6 米，以毛泽东同志真人等高 1 ∶ 1 绣制，属历史上绣品肖像绣之最。我虽说以前刺绣过不少人物绣，但从来没有绣过这样巨幅的肖像绣。为了使这幅绣品与原作最大程度地保持一致，我带领 6 位刺绣艺人，特地邀请了《中华文化画报》原总编、著名美术家范贻光来苏州指导绘画原理一个多星期，这为绣好这幅伟人像奠定了良好基础。绣制前，我们细细地分析人物的面容、姿态、肤色、衣着和画面意境，待到胸有成竹后，才开始运用套针、施针、接针和乱针绣等多种针法，一针一线地精心绣制。在施绣的过程中，我还创造了叠绣针法，使人物的面部更细腻、逼真而传神。这幅看似只有黑、白、灰三色的摄影作品，实际上色彩变化丰富，仅从黑到白之间的丝线颜色就有上百种。由于绣品用粗细、虚实相结合的交叉线条表现丰富的画面，因此绣品厚实细密。我们夜以继日地飞针走线，历时两年多时间，耗 700 多工时，在 2006 年 5 月终于圆满完成这幅作品。整幅作品无论是人物形象，还是衣着背景，都表现得惟妙惟肖，再现了一代伟人凝神远眺、洞察四海风云的非凡风采。在庆祝建党 85 周年、纪念红军长征胜利 70 周年之际，2006 年 7 月 9 日，巨幅伟人肖像绣《毛泽东在北戴河》在平江中学举行封针仪式。为此，82 岁的著名摄影家侯波专程来到苏州。当见到这幅伟人肖像绣时，她抑制不住心中的喜悦，与我紧紧相拥，并赞叹不已：“绣品完全再现了摄影原作的神韵，是难得的苏绣极品。”接着又亲笔写了“真情绣伟人，苏绣甲天下”的题词，并为这件意义非凡的作品绣上了最后一针。之后，中国人民对外友好协会、中华民族文化促进会等单位在北京举办中国艺术博览会，《毛泽东在北戴河》巨幅肖像绣与公众见面，受到各界人士的好评。2007 年，这幅伟人肖像绣荣获中国民间艺术品最高水准的奖项——第八届中国民间文艺山花奖。

第二幅绣品是《红军三大主力会师》，这幅绣品是以著名画家蔡亮和张自嶷合作的巨幅油画《三军大会师》（曾发行过邮票）为蓝本绣成的。长 2.81 米，宽 1.45 米，由中国工艺美术大师顾文霞领衔指导，我带领团队绣制，著名画家范贻光教授负责现场美术指导。绣品采用了乱针、平针、施针和戗针等几十种刺绣针法，由 16 位绣娘历时 5600 个工时，用 200 组色系、近千种颜色的丝线制作而成，以苏绣特有的质感再现红军三大主力会师，取得决定性胜利的历史场景和经典画面：两队红军挥动着旗帜，奔跑着，呼喊着，激动地相拥在一起，每个红军的脸上流露出久别重逢的喜悦……陕北赤卫队员兴奋地将红军小号手举在空中，欢快感人的动作，给人留下了深刻的印象和美好的记忆。2016 年 9 月 19 日，巨型绣品《红军三大主力会师》进京展启程仪式在苏州会议中心举行。同月，作品在北京中国文联艺术大厅举行封针仪式。2018 年 1 月，这幅绣品荣获第十三届中国民间文艺山花奖组委会特别奖，现被中国军事博物馆永久收藏。

崔：在传承苏绣方面您还做了哪些工作？

卢：一方面，近年来我一直积极参与苏绣项目的保护，特别注重探索明清时期刺绣藏品的保护措施，并在修复历代古旧绣品的实践中，积累了修补古旧绣品的技艺经验，进而将现代苏绣的技法拓展表达形式与历史悠久的艺术相结合，达到修旧如旧、保护传统刺绣艺术文化的目的，受到了收藏家和工艺美术界领导的好评与推崇。另一方面，我为传承苏绣传统技艺、培养新生代做了点贡献。我在自己的工作室，为来自苏州市、海南省和江西省的多名中青年刺绣人才提供了很多培训机会。其中，苏州市的朱文辉（男）、海南省的张燕（女）和江西省的李红英（女）在我的精心传授下，技艺娴熟，已能独当一面，也能胜任大型刺绣艺术品的绣制工作，如参与大型苏绣品《红军三大主力会师》的刺绣等。同时，我还积极参与了“非遗进校园”“苏绣进社区”等活动，宣传、推广苏绣艺术，从而扩大苏绣的知名度，让更多的人了解这门古老又精美的手工艺术。

崔：请您谈谈苏绣制作的心得体会和经验技巧。

卢：苏绣的绣法是表现刺绣物体的形象与特征的方法，需要正确掌握针法运用、轮廓形状、丝理转折、线条粗细、虚实排列以及镶色等要点，这些都与绣品的艺术效果息息相关，并且相互之间有着内在联系，在运用中要密切配合。在多年的实践中，苏绣已经形成了一套完整的绣法理论体系。根据所要表现的物体形象的类型，绣法分为花鸟、风景（山水）、人物等科目类别，在这之下，又细分出各个具体的表现内容的绣法，如欣赏品中的花分为单瓣花和复瓣花两大类，这两大类之下的梅花、杜鹃花、牡丹、荷花等都有不同的具体绣法。

张良

研究员级高级工艺美术师

# 推介苏扇文化的热心人

## ——对话江苏省工艺美术大师张良

文／崔冰

崔：请谈谈您的从业起点和经历。

张：我1979年考入苏州工艺美术学校，1982年毕业后至苏州檀香扇厂工作。1987年自主创办扇坊，设计研发檀香扇、木雕、台屏等工艺品。1988年至今，先后创办东吴苏扇艺术研究所、香洲扇坊、苏州苏扇博物馆。现为研究员级高级工艺美术师、江苏省工艺美术大师。

崔：请您介绍一下苏州檀香扇的发展历史。

张：檀香扇由檀香木制成，所以称“檀香扇”。檀香木产于印度和东南亚一带，木质细腻坚硬，气味芬芳馥郁。檀香扇从20世纪初开始流行，主要有檀香折扇和檀香宫扇两种。制作工艺主要是拉花和烫画。以檀香折扇为例，将一片片薄薄的檀香木连缀成扇骨，在扇骨上拉刻出镂空的图案，并烫出有浓淡深浅变化的山水、花鸟、人物形象。同时还有微刻、镶嵌、造型、金银丝等多项工艺融入。

《素心》

张良，1963年生，苏州人。研究员级高级工艺美术师、江苏省工艺美术大师。1979年考入苏州工艺美术学校，1982年毕业后进苏州檀香扇厂工作，主攻檀香扇设计研发。1988年后，设计创作的檀香扇《清趣》，檀香嵌竹刻宫扇《秋韵》、《湖光山色》等数十件作品分别获得国家级、省级博览会金、银、铜奖。先后创办东吴苏扇艺术研究所和香洲扇坊、苏州苏扇博物馆。2010年举办『吴下清风——苏州折扇艺术展』，并出版《吴下清风大型艺术成扇画册》。

崔：您长期从事工艺品的设计制作，请谈谈您的主要获奖作品。

张：1984年，檀香立雕《香洲荷风》《北塔揽胜》获苏州市工艺美术作品奖和“四新”产品奖。与人合作的大型综合工艺品《百八钟声》，被《人民日报》《人民画报》《文汇报》等报道。1985年，创作立体微雕《少林寺》，被《人民日报》《中国青年报》等报道。1987年，于苏州大学举办个人工艺书签作品展。1988年至今，设计创作的檀香扇《清趣》、檀香嵌竹刻宫扇《秋韵》《湖光山色》等数十件作品分别获得国家级、省级博览会金、银、铜奖。

崔：在传承苏扇技艺方面您还做了哪些工作？

张：首先是理论研究方面，1986年，发表了《关于微雕艺术》《游艺于竹、著艺以新》等文章。1988年至今，陆续发表了，《论折扇之雅》《论折扇的收藏》《浅谈扇骨与扇面的协调性》等论文。其次是实践方面，2010年，创办苏州苏扇博物馆。馆藏众多名家作品和扇类手工艺品，如古今名家成扇、名家刻扇骨、檀香扇、团扇等，还有与扇相关的物件，如扇坠、扇袋、扇箱、古代制扇工具以及图书、报刊、照片等资料，品种丰富，全方位展现了苏扇的艺术风貌和特色。2010年，还举办了“吴下清风——苏州折扇艺术展”，共有145件晚清至当代的苏州折扇作品，先后在苏州博物馆、苏州工艺美术职业技术学院展出，并出版大型艺术成扇画册《吴下清风》，主要收录晚清以来苏州著名书画家与扇骨制作艺人的作品。2012 年，征集出版大型艺术画册、苏州当代名家手卷集《玉轴连云》。2013 年，征集出版《当代吴门名家画扇》第一辑。2016 年，出版《当代吴门名家画扇》第二辑。

崔：请您谈谈檀香扇设计制作的心得和经验技巧。

张：关于檀香扇的传承和创新，创新应该是建立在传承基础上的，不能离传统工艺美术太远，也不能墨守成规，即所谓古为今用，借古开今。在创作中，提升工艺品的艺术品位，与书画家交流合作，是十分重要的，同时也要注重与其他工艺、艺术门类的结合，创作出真正打动人心的作品。

陈琴

省级非遗（苏扇）代表性传承人

# 一生只做一件事

## ——对话省级非遗苏扇代表性传承人陈琴

文/龚平

龚：陈老师好！您是美术专业科班出身，而后选择了做一件事：制作苏扇。

陈：1982 年，我毕业于苏州工艺美校绘画专业。1983 年 8 月，进苏州檀香扇厂设计室工作。1984 年 10 月至 1986 年 8 月，到中央美院中国画系深造了两年，结业后又回到苏州檀香扇厂设计室任设计师。2003 年 10 月，单位转制为苏州如意檀香扇有限公司后，仍担任产品设计开发工作。2007 年 10 月到现在，在苏州如意檀香扇有限公司非遗传承设计室做传承与设计工作。

龚：请谈谈您的檀香扇制作技艺的师承关系。

陈：从传承谱系来说，我是邢伟中老师的入门弟子。邢伟中老师的师傅是著名工艺设计家周天民，他的作品有“周派”之称，为檀香扇技艺的发展开了先河。因此，我是“周派”嫡传。周天民的师傅，是 20 世纪 50 年代的檀香扇画技开拓者、著名烫花艺人龚福祺。

2010 年以来，我带了晏海燕、金灵、叶美灵和陈琴，女，1963年生。研究员级高级工艺美术师、江苏省工艺美术名人。师从著名檀香扇设计师周天民的学生邢伟中，为苏扇『周派』嫡传。1983年进檀香扇厂工作，长期从事檀香扇设计、烫花技术的研究，后进中央美院深造。在30多年的艺术生涯中，运用镂、画、烙和镶嵌等传统制扇技法，形成了自己独特的制扇艺术风格。代表作品有双面异样檀香扇朝元仙仗·天女思凡、天宫乐女·礼仙敬寿，檀香宫扇礼仙敬佛等，在全国博览会上分别获得金奖和银奖。镶嵌檀香扇两娇赏诗被东方电视台和苏州电视台分别报道。2006年被认定为第一批江苏省非物质文化遗产项目（苏扇）代表性传承人。

谢宏威 4 个徒弟。晏海燕 2010 年毕业于苏州工艺美院，跟随我学习檀香扇设计和烫花近十年，多次获得“苏艺杯”“艺博杯”等的金奖、银奖，最近刚被评为第七届苏州民间工艺家。金灵、叶美玲两人都在 2014 年毕业于苏州旅游与财经高职院，作品曾荣获江苏省旅游工艺品大赛二等奖及优秀大学生创业项目，也在“苏艺杯”“艺博杯”大奖赛上获奖。谢宏威毕业于苏州市职业大学，最近 3 年跟我系统学习苏扇技艺，也有作品在 2018 年获“艺博杯”银奖。

龚：请谈谈您在传承、发展、创新檀香扇制作技艺方面的主要业绩和自己的技艺特色。

陈：我的专业是从事苏扇设计与檀香扇烫花技艺研究。在 30 多年的艺术生涯中，我所设计的作品都力图充分运用镂、画、烙、雕、镶嵌等传统苏扇手工技艺，体现苏扇精致高雅的艺术风范，展现苏扇构图灵巧飘逸、设色明秀清朗的艺术特色。

2016 年，我被苏州工业园区服务外包职业学院聘为兼职教授，合作成立了非遗大师工作室，注重引导准职业人开发、制作艺术品，以“师带徒”的形式实现艺术创造的有机统一，实现非遗技艺的传授和成果转化。

檀香宫扇《秋风纨扇》

龚：请介绍一下您的获奖作品和代表作。

陈：从 20 世纪 90 年代起，我的作品陆续在国家、省、市级大赛中获奖。1991 年，52 厘米双面异样檀香扇《朝元仙仗 · 天女思凡》荣获第二届北京国际博览会金奖，《新华日报》发表了《巨型檀香扇在苏州问世》一文。1995 年，23 厘米檀香扇《梅、兰、竹、菊》荣获首届中国国际工艺美术精品博览会金奖。1998 年，桃丝边框檀香宫扇《梅》荣获中国旅游购物节旅游产品天马奖银奖。2005 年，与中国工艺美术大师邢伟中合作的 64 厘米乌木描金扇《贵妃出巡图》荣获第六届中国工艺美术大师精品博览会金奖。2010 年，紫檀框檀香宫扇《赏花 · 扑蝶》荣获江苏省“艺博杯”工艺美术精品奖金奖。2011 年，23 厘米精品檀香扇荣获江苏省工艺美术精品博览会大奖赛铄奖。同年，精品檀香扇《逍遥游 · 捉迷藏》荣获第十二届中国工艺美术大师作品暨国际艺术精品博览会中国工艺美术精品奖金奖。2013 年，23 厘米檀香扇《兰花》荣获第八届中国花卉博览会艺术馆精品展银奖。2014 年，30 厘米精品拉烫双面异样檀香扇《荷香清韵 · 兰闺雅集》荣获“艺博杯”江苏省工艺美术精品大奖赛银奖。2015 年，50 厘米拉烫檀香扇《琴棋书画》、30 厘米双面异样拉烫檀香扇《兰闺雅集 · 荷香清韵》和 23 厘米象牙折扇《竹叶》分别荣获江苏省“艺博杯”工艺美术精品大奖赛两个银奖、一个铜奖。2016 年，与邢伟中老师合作的 26 厘米双面异样老山檀香扇《荷塘月色 · 阿房宫赋》获“苏艺杯”最佳创意奖。2019 年，老山檀香扇《尊香抚琴》获“金凤凰”创新产品设计大奖赛金奖。老山檀香扇《乐竽清韵》获“艺博杯”江苏省工艺美术精品大奖赛金奖。与邢伟中老师合作的 26 厘米雕边檀香扇《琴棋书画》被中国国家博物馆永久收藏。

龚：您专业从事苏扇设计与檀香扇烫画技艺研究 30 多年了，一定得到了不少荣誉。

陈：我是研究员级高级工艺美术师。2006 年 12 月，被认定为第一批江苏省非物质文化遗产项目（苏扇）代表性传承人。2016 年 2 月，被授予江苏省工艺美术名人称号。

龚：作为一位美术专业科班出身的制扇大师，您一定是既付诸实践又有理论支撑的。

陈：是的。1989 年，我参加了《制扇工艺》一书的出版编写工作。此书于当年由江苏科学技术出版社出版。我还在一些刊物和学术研讨会上发表一些论文 :《玲珑雅致、清香扑鼻——苏扇史谈》发表于《上海工艺美术》2012 年第 2 期,《檀香扇“烫花”艺术浅析》发表于《姑苏工艺美术》2012 年第 49 期。与人合作编著的中国工艺美术记录丛书《百工录——檀香扇制作技艺》一书于 2015 年由江苏凤凰美术出版社出版。我还写了《镶嵌技法在扇子制作中的应用》一文，在 2017 年发表于艺博网。

# 杨烈诚

国家级技能大师

# 化腐朽为神奇

## ——对话国家级技能大师杨烈诚

文／叶志明

叶：杨大师，你好！见你真难，请你介绍一下苏州首饰镶嵌业的前世今生。

杨：叶老师，你好。干我这行的人，在苏州现在已是凤毛麟角，实在是太小众了。苏州首饰镶嵌业有较明晰记录的金银作坊大概出现在道光年间，其中“恒孚”最为有名，是由吴县香山人顾氏创办。1948 年，国民政府开始对金银实行统管，首饰镶嵌业业态萧条，日渐衰败。1949 年后，金银的民间加工买卖被取缔，银楼作坊全部关门歇业。直到 1958 年，人民银行成立了苏州龙门金银加工厂，到 1962 年划归当时的苏州手工业局管理，1964 年正式成立苏州金银饰品厂。1966 年“文化大革命”开始，金银饰品作为“封、资、修”的产物被禁止生产及买卖，金银饰品厂又改名为东方红工艺厂。1972 年组建苏州工艺美术厂，1976 年更名为苏州金属工艺厂，主要是生产各类工艺饰品和进行外贸代工。1985 年内销黄金政策放开，注册启用“恒孚”商标。1986 年，苏州金属工艺厂“恒孚银杨烈诚，1964年生，苏州人。江苏省工艺美术大师。1981年进入苏州金属工艺厂，师从广帮镶嵌师傅任业民。在首饰镶嵌业内已默默耕耘了近40年。2005年创办首饰设计工作室，2011年其工作室成为苏州第一个国家级技能大师工作室，本人享受国务院政府特殊津贴。曾获全国第二届首饰行业技能操作大赛、世界黄金协会东南亚足金首饰大赛冠军。1998年在全国中华技能大奖赛中荣获中华技能大奖国家金质奖章。任江苏省首届乡土技能大赛首饰项目裁判和评委、江苏省珠宝首饰技能操作大赛裁判组长、世界技能大赛江苏省首饰技能选拔赛评委、苏州工艺美术职业技术学院客座教授。

楼”挂牌营业，1995年成立苏州恒孚首饰集团有限公司，进入发展的鼎盛期，挤入中国四大银楼。“恒孚”成为苏州珠宝界唯一获得“中华老字号”殊荣的企业。

叶：那个时代的你朝气蓬勃，年轻有为，是如何成为业内翘楚的？

杨：我1981年进入苏州金属工艺厂，学艺初始就显露出了与众不同的悟性，很快在同批学徒中脱颖而出，深受老师傅和领导的器重。3年学徒期满就被破例分配到样品间专职制样，当时能在这岗位的基本都是公司的技术好手。其间，我第一次独立承担了为全国性展览制作展品18K金翡翠胸针的任务。该作品采用钻石硬镶技术，要求高、难度大，稍有不慎就极易造成钻石碎裂。我经过几十天的琢磨推敲，反复修改，最后取得了理想的艺术效果。该作品构思缜密、造型生动、意蕴无穷，后荣获了中国第七届工艺美术百花奖优秀奖。

1993年，我参加了全国第二届首饰行业技能操作大赛。经过全国海选，26个省（区、市）的58名技术能手参加了决赛，在规定的12小时内，按照统一的图纸制作一枚镶嵌蓝宝石的男戒。在有各路高手参加的比赛中，我的压力可想而知。我凭借着过硬的心理素质、扎实的技术功底、精细的制作工艺完美表现了作品的

《海之恋》

阳刚和严谨、流畅与典雅。作品在光与色的相互映衬下既生动又和谐，我获得了评委的一致好评并获得了冠军。

1994 年，世界黄金协会举办东南亚足金首饰比赛，我承担了制作《灵芝飘谜》的任务，我独特的美学见解和过人的技艺，又一次得到了充分发挥的机会。完成后的作品充分体现了回归自然、拒绝平凡、民族色彩三大首饰发展的潮流特色。作品主体采用传统的抬凿技术，所谓“抬”就是将金料抬起来，“凿”就是对抬起后的精料进行修凿，使图案花纹凸显出来，并且在原材料的凹凸拉伸之间营造出立体的艺术图像。灵芝的云头采用拉花的手法，使用特制的钢丝锯在金片上按设计的图案拉出细小秀美的图案，稍有不慎便会前功尽弃，但金银手工技艺的魅力便在于此。我凭借深厚的技艺功底，一气呵成，使整个灵芝造型生动，线条流畅细腻，将原先冰冷的金属幻化成灵动飘逸的祥云，气韵非凡，仿佛是神来之笔。该作品被送往新加坡参加世界黄金博览会，获得了东南亚优秀奖。

多年的创作参展使我的技艺和创作风格日臻成熟，精品佳作迭出，得到了同行们的肯定。1998 年，我作为江苏省的唯一代表，参加了全国中华技能大奖的评选活动。我的成长经历和为珠宝首饰业的发展做出的突出贡献得到了评委们的充分肯定，我获得了中华技能大奖金质奖章。

叶：成功接踵而至，你的成功自然离不开“恒孚”，那么，后来为何要选择离开“恒孚”？

杨：艺术家的成长，是一件有趣的事。我的成长过程看似一帆风顺，但其实经历了一场艰苦而又华丽的蜕变，是从蛹到蝶、从鲲到鹏的变化。2004 年，公司受命整体改制，工厂的生产彻底停止，相伴多年的机器设备被一件件拆除变卖，我和老师傅们看着辛苦几十年发展起来的公司被拆散，深感痛心却又万般无奈。现在的“恒孚”和史上的“恒孚”已无任何血脉渊源，只剩下商标这个躯壳而已了。在此情况下，我离开，是为了给首饰镶嵌技艺寻找生存空间，使其可以传承下来，别无选择！

2005 年，我创办了首饰设计工作室。凭着自己 20 多年的从业经验和扎实的技术功底，我打出了“没有什么做不了”的广告，只要顾客有要求，一个实样、一张照片或是一张不像样的草图，在我的手里都会变成一件令顾客满意的首饰精品。化腐朽为神奇更是我的一大绝活。断裂的手镯、破碎的玉器，经过巧妙的构思和精细的镶嵌加工，就会脱胎换骨，成为一件件充满独特魅力的首饰精品。

叶：杨大师，最后请谈一下未来珠宝首饰设计的发展趋势，在继承和发扬中，你怎么看待古典与时尚的关系？

杨：这个话题见仁见智，最重要的是如何让珠宝首饰设计个人化，也可以解释为个人合理化。突出个性，打破陈旧观念的樊篱与界限，让它恰到好处地存在。面对传统，其实每个人的经历都不一样，我的设计生涯是从苏作传统文化中开始的。在中国经济进入高质量发展的当下，古典与时尚的结合，已经从偶然走向必然。所以，我们无须去质疑时尚会不会继续与艺术碰撞。我只会好奇，古典还会与艺术产生怎样的“化学反应”？我这里说的时尚，泛指一切中外新艺术元素。未来首饰设计必须提炼、借鉴这些新元素，同时深入挖掘传统元素并对之进行改造，通过分解、重构等现代设计手法，将中国元素转变为既具有民族性特征、符合时代感，同时又满足现代审美需要的珠宝首饰设计元素。这是我认为的未来珠宝首饰设计发展的大趋势。

陆彩凤

高级工艺美术师

# 苏绣追梦人

## ——对话『吴中工匠』陆彩凤

文／龚平

龚：记得认识陆老师是在一次非遗传播活动中，后来才知道您是从光福窑上村走出来的绣娘。

陆：是的。我小辰光，我们窑上村可以说家家户户都有绣娘。记得那时候，我们光福窑上村的一个刺绣组就设立在我家里，我母亲还是刺绣组的小组长，几十个农村妇女每天都在赶制外发加工的刺绣品。我从读小学开始，无论是周末还是寒暑假，总会在母亲的绷架上学习穿针和刺绣。1976 年 7 月，我初中毕业后就确立了把苏绣作为自己的生存之道和人生追求的信念。经过 10 多年的努力，我已成为光福窑上村苏绣组的骨干，经常帮苏州刺绣厂、吴县刺绣厂、光福刺绣发放站试样，绣制了大量被面、枕套、台布、围巾、手帕和戏衣等绣品，还曾多次被邀请赴苏州市工艺品公司、吴县刺绣厂进行苏绣示范表演。

龚：那您是从母亲那里继承了苏绣技艺的？

陆：我出身于一个刺绣世家。从 7 岁起就受祖母和母陆彩凤，女，1964年生，苏州光福人。高级工艺美术师。出生于刺绣世家，7岁受祖母和母亲的影响喜欢上刺绣，后师从苏绣大师殷濂君，学习刺绣艺术。擅长细绣和乱针绣，主要以绣古画和摄影作品为主。代表作品有《十八罗汉》、《渔舟唱晚》、《一轮明月》等，还开发出『老土布』刺绣系列文创产品，作品曾多次参展并获奖。2016年被吴中区总工会授予吴中工匠荣誉称号。

亲的影响，站在小凳上开始接触刺绣。在老一辈刺绣艺人的精心指导下，逐渐对苏绣艺术产生了浓厚的兴趣。特别是多次在中国工艺美术大师殷濂君老师的传授下，苏绣技艺有了长足进步。

龚：请谈谈您的刺绣特色是什么？

陆：我主要以绣古画和摄影作品为主，常用的针法有传统的细平针和小交叉乱针。在绣制古画时，一般都会用细平针来绣。我觉得细平针最能突出苏绣“平、齐、光、匀、和、顺、细、密”的独特风格。近年来，我用小交叉乱针和细平针相结合的针法绣制了一些摄影作品，使用小交叉乱针更能在视觉上加强摄影作品的立体感。

龚：您曾参加过许多公益性活动，也被一些中小学校聘为辅导老师。记得有次我参加小学母校百年校庆活动，也看到了您在那里辅导学生刺绣。这些活动一定占用了您不少时间？

陆：是的。苏州市三十中学、平江实验学校等一些学校聘请我去当苏绣兴趣课辅导老师。我也去过苏州大学文正学院讲民间艺术课。这八九年来，每年都要参加10多场公益性活动。比如2012年的桐泾公园社区刺绣传播演示活动；2014年的中秋节盘门刺绣演

《一轮明月》

示传播活动；2017 年的上海浦东机场工艺演示传播活动；2018 年，我还走进怡养老年公寓带领长者体验非遗文化；2019 年，我和女儿参加第十届江苏工艺美术博览会“艺博杯·探艺心传”互动交流刺绣传播展演活动等。参加这些活动虽然占用了我一些时间，但能使大众更为直接地接触和了解苏绣艺术，就是值得的。

龚：请谈谈您的获奖作品和代表作。

陆：我自己印象比较深的获奖作品有：2013 年 11 月，作品《十八罗汉》在第三届东方工艺美术之都博览会上荣获金奖，灵岩山寺的明学长老特地为我题了“凤绣娘”三个字，非常珍贵，既认可了我的绣艺，又激励我要在苏绣艺术道路上越走越远。这件作品当年还被授予苏州市民间文艺金桂奖荣誉奖。2014 年 11 月，作品《张大千荷花》在首届中国（苏州）民间艺术博览会上荣获金奖。2015 年 12 月，作品《“弘一大师绘十八罗汉”精集》荣获第十七届中国（国家级）工艺美术大师精品博览会金奖。2016 年 10 月，作品《渔舟唱晚》荣获江苏省工艺美术精品博览会“艺博杯”银奖。2019 年 4 月，作品《一轮明月》荣获中国（苏州）“启迪·苏艺杯”国际工艺美术精品博览会银奖。2019 年 8 月，作品《柳塘泊舟》荣获第十届江苏工艺美术精品博览会“艺博杯”金奖。我的代表作品还有《董其昌山水》《齐白石蝉》《唐伯虎山水》《百子图》《八仙过海》和《清秋闲梦》等。

龚：您在苏绣文创开发方面也有探索，并取得了一点成绩。我印象特别深的是曾在主持“苏作文创爆款 TOP10 征集大赛”颁奖典礼时，为您的农耕文化“老土布”刺绣做过点评。请您谈谈这方面的体会。

陆：好的。那是一套以农耕文化为主题的“老土布”刺绣作品。最近，我与女儿一直在探索制作一些具有中国传统文化特色和实用性的文创产品。这套作品就把中国最古老的甲骨文元素融入农耕文化“老土布”刺绣中，运用不同材质的材料组合，制作出新的刺绣创意产品，符合当代人的审美情趣。农耕文化“老土布”刺绣的设计创作就是以“老土布”为底料，以丝线为绣线，既保留了传统文化元素又做到了创新。它的优势是市场认可度高、独创性强，而且有着比较多元的消费需求，主要有软装设计公司需求、文化旅游消费需求、收藏爱好者需求及主题酒店和民宿的定制配套需求。

龚：您是一位“接地气”的绣娘，得到了哪些荣誉和称号？

陆：我是高级工艺美术师、中国民间文艺家协会会员、苏州市民间工艺家、吴中区非物质文化遗产苏绣项目代表性传承人，2016 年被吴中区总工会授予吴中工匠荣誉称号。

龚：作为一名绣娘，您还在省、市的刊物、网站上发表了哪些论文？

陆：说论文有点不好意思，只是谈了自己通过实践加上学习的一点体会。从 2013 年 5 月至 2019 年 12 月，我分别在江苏省工艺美术艺博网、《姑苏工艺美术》期刊、苏州工艺美术网和苏州民间文艺网上发表了《苏绣创作前应做的准备工作》《我对苏绣艺术的探索》《浅谈双面绣与工匠精神》《刺绣：从实用性走向观赏性》《浅谈农耕文化“老土布”刺绣的实用性》和《浅谈苏绣的种类》等多篇文章。

我总觉得，40 多年的苏绣艺术积累，不仅是我的生存之道、艺术之道，也是我的人生追求。学无止境，我要以一个苏绣传承艺人的朴实心态去对待身边的每一件事、每一个人，不断努力，去达到艺术人生的更高层次和境界。

沈惠

省级非遗（宋锦）代表性传承人

# 复制·传承古代丝绸技艺

## ——对话省中青年科学技术带头人沈惠

文/怀念

怀：请问您的从艺起点、转折点及师承关系？

沈：1995 年调至中国丝绸织绣文物复制中心，开始参与古丝绸文物的研究、复制、修复和保护工作，师从钱小萍老师进行古代织锦的研究和复制，师从织锦技师胡德银学习织锦操作技艺，到了 2002 年开始对宋锦进行挖掘和复制研究。

怀：请问您从事艺种的历史及在苏州的发展？

沈：宋锦是在宋代发展起来的织锦，以其独特的结构、精湛的技艺、典雅美丽及古朴高贵的艺术魅力在国内外享有盛誉。自南宋以来，苏州宋锦与四川蜀锦、南京云锦被誉为中国三大名锦。早在春秋时，齐国临淄和陈留郡的襄邑都是织锦著名产地，吴国也生产锦衣，地处江南的吴国贵族已经在生活中大量使用织锦。唐代时，织锦工艺技术更趋成熟。历经各时代的发展，织锦工艺水平在北宋时期得到了全面的提高。宋高宗南渡后，全国的政治、经济、文化中心南移，不少成都转运司锦院的织锦工也转移到沈惠，女，1964年生。研究员级高级工程师，江苏省『333高层次人才培养工程』中青年科学技术带头人。2008年被认定为第二批江苏省非物质文化遗产项目（宋锦）代表性传承人。先后承担、参与国家文物局、国家蚕丝办、江苏省科委、苏州市科委下达的古代丝绸的保护、研究、复制、修复等科研项目20多项，并多次获得科技进步奖。

了江南地区。在苏州织锦中，出现了一种质地精美、工艺独特的新品种——苏州宋锦，除被用于服装外，还被大量用于书画卷轴类的装裱。元朝，苏州建有宫廷特设的织造局。明朝，因政府在织造常额以外，经常增加差派数额，官府不得不雇用民间机户包揽领织，才能完成织造任务，故宋锦业官办、民办产销两旺，各地商贾汇集，盛极一时。当时，苏州成为全国丝织中心，素有“东北半城皆机户，万户机声传小巷”之称。清初，宋锦织物使用范围扩大，康熙、乾隆年间出现历史上的宋锦业全盛时期。后受太平天国运动影响，机织业蒙受重大打击，宋锦业生产逐步萎缩，从此一蹶不振。

新中国成立后，人民政府对传统手工织锦业进行改造。1956年组织成立宋锦生产合作社，1958年又与漳绒厂合并成立苏州宋锦漳缎厂，1966年改组为朝阳丝织厂，以生产现代丝织品为主体，1979年又改组为苏州织锦厂。

2006年，宋锦织造技艺被列入第一批国家级非物质文化遗产代表作名录，苏州丝绸博物馆作为保护单位，长期致力于宋锦技艺的挖掘、保护、研究和传承。2009年9月，由浙江、江苏、四川三省联合申报，以杭罗、绫绢、丝锦、蜀锦、宋锦等织造技艺及轧蚕花、扫蚕花等丝绸生产习俗为主的中国蚕桑丝织技

浅棕地团龙团凤四达晕宋锦

艺入选联合国教科文组织《人类非物质文化遗产代表名录》。

怀：请谈谈您在从事工艺的传承、发展、创新方面的主要业绩与贡献。

沈：自 1995 年起，我在从事古丝绸技艺挖掘、保护的同时，积极承担“宋锦织造技艺中央补助资金”“传承人传承技艺补助资金”等项目，承接故宫博物院等单位的宋锦复制、仿制任务，对从宋锦文物的微损测试、织物设计、丝线染色加工、织机装造、挑花结本到织造等 20 多道传统技艺进行研究和探索。科学复制 10 件明清宋锦和仿制 30 多件宋锦。对宋锦传统技艺进行挖掘和保护，建立了拥有 4 台专门用于宋锦复制和仿制的传统花楼织机的宋锦传习基地。

怀：请问您的获奖作品或代表作有哪些？

沈：科学地复制明清宋锦的主要代表作：黄地八达花卉纹宋锦、盘绦四季花卉纹宋锦、花卉纹宋锦、团凤花卉纹宋锦、浅棕地团龙团凤四达晕宋锦、浅红地龙纹四达晕宋锦、团龙团寿纹宋锦、万寿如意纹宋锦、宋代灵鹫纹锦袍、曲水连环花卉纹宋锦。

科研项目获江苏省科技进步三等奖一项，苏州市科技进步三等奖三项，苏州市科技攻关杯奖二项。2012 年团凤花卉纹宋锦面料获得全国丝绸创新产品金奖。

怀：请问您所获职称、荣誉称号有哪些？

沈：2000 年，获高级工程师职称；2003 年，被评为苏州市新世纪高级青年专业技术人才；2006 年，被中国工艺美术学会织锦专业委员会授予“中国织锦工艺大师”称号；2007 年，获评江苏省“333 高层次人才培养工程”中青年科学技术带头人；2008 年，被评为江苏省级非物质文化遗产项目宋锦织造技艺代表性传承人；2008 年 12 月，获研究员级高级工程师职称；2017 年，被苏州大学聘为江苏省第四批产业教授。

怀：请问您对本行业的看法？

沈：对传统技艺的研究探讨和对古代丝绸文物的复制，是传统技艺传承和培养传承人的重要途径。

**沈德龙**

研究员级高级工艺美术师

# 特立独行的刺绣大师

## ——专访『古吴绣皇』创始人沈德龙

文／叶志明

叶：沈老师，你好！你属于一个很难归类的艺术家，你的作品在绘画、刺绣等方面都能产生与历史和当代文化的共鸣，以“古吴绣皇”为桥梁，在绘画与刺绣、东方文化和西方文化中跨越。我觉得你既是一个挑战者，又是一个平衡者，在平和的外表下，你有一种漫步于时空之外，一窥时代奥秘的气质，这也许是一种“搅局”，也许是一种特立独行。

沈：谢谢叶老师对我的归纳总结。其实一路走来，尝遍了酸甜苦辣。本来我完全可以在体制内捧着金饭碗吃饭的，无奈，性格所致，这一生只能折腾下去。1990 年从浙江美术学院（现中国美术学院）油画系毕业后，同年 7 月就职于苏州刺绣研究所设计部，在所长张美芳的授意下，进入乱针绣针法室学习乱针绣技法，前后在苏州刺绣研究所工作了 3 年。1993 年我离职，调入苏州城建环保学院（现苏州科技大学）建筑学美术教研室任美术老师。在教学期间，我尝试创业，于同年开办了沈氏刺绣工作室，创立了沈氏绣

《回眸》

沈德龙，1964年生，苏州人。研究员级高级工艺美术师、江苏省工艺美术大师、中国工艺美术协会理事、苏州市政协委员、江苏省著名商标『古吴绣皇』品牌创始人。1990年毕业于浙江美术学院油画系，毕业后在苏州刺绣研究所工作，师承乱针绣任嘒閒大师。从艺多年，其作品屡屡获国家大奖，多次应邀为各国元首绣制人物肖像，其中有俄罗斯总统普京、西班牙前任国王卡诺斯及其夫人、哈萨克斯坦前总统纳扎巴耶夫、以色列前总理拉宾、美国前总统布什、英国女王伊丽莎白二世等。

坊，开始探寻自己的苏绣之路，以市场来给自己的艺术找灵感。经过了两年的风格摸索，我成了刺绣界的黑马，创造了属于自己的独门技法“三散针法”，让刺绣的概念最大限度地外延至绘画，形成了“针为笔，线为色，扬传统，汇中西”的沈氏艺术风格。1995年，我放弃苦心经营两年的沈氏绣坊，把自己的品牌更名为“古吴绣皇”，开始了品牌再造之路。

叶：刺绣花式品种繁杂，风格门派各异。你的引路人是谁，师承脉络如何？

沈：我的引路人是任嘒閒大师，没有任大师就没有我沈德龙的今天。我到苏州刺绣研究所工作，纯属一场“拉郎配”。但是，当我看到任大师用乱针绣技法绣的《齐白石像》后，改变了初衷。任大师看出了我眼中的渴望，于是问我要不要尝试自己也来绣一绣。这一问成了我人生的转折点，把我从西方美术的阵营拉回了民间美术工艺的阵地。然而，当真的坐下来一针一线地用针线表现作品的肌理时，刺绣的那种慢条斯理让我恐惧。当我笨拙的动作遭到周围师姐的奚落时，是任大师在身后鼓励着我。她说我是学油画出身的，乱针绣最适合表现油画的效果，而且需要掌握的刺绣技巧也少。于是我茅塞顿开，萌生了用乱针绣绣人物肖像的想法。两个月后，一幅乱绣的作品出现在众人面前，轰动了整个研究所。任大师看到作品后更是赞不绝口，称其“有师父遗风”。那时我才知道任大师的师父是苏绣传奇人物、把西洋绘画技法引入苏绣的第一人——苏绣乱针绣创始人杨守玉。第一幅作品成功后，我被调入了乱针绣针法室，被任大师收为关门弟子，我成了乱针绣的第三代传人。

叶：目前，“古吴绣皇”已是江苏省名牌产品、江苏省著名商标，在苏州刺绣界应该是独具品牌效应的。这也意味着你的创作进入了高质量、高信誉、高效益运作，具体的工作你是如何展开的？

沈：品牌的背后就是一个在市场竞争中始终立于不败之地的成功企业。在创造品牌和扩大品牌覆盖面的过程中，只有通过产品结构的优化、存量资产的盘活、技术含量的提高和科学化的管理才能使企业不断地发展壮大起来。“古吴绣皇”这个品牌，我于1999年正式注册，其名称不单纯是四个字的简单排列组合，每一个字都掷地有声：“古”，苏绣是传统文化瑰宝，这是基石，不能丢弃；“吴”，苏绣有着鲜明的地域文化烙印，是民族的、地域的，也是世界的；“绣”，产品有着鲜明的行业属性，要一心一意做专做精；“皇”，要走高端奢侈品路线，关注的是细分人群。“古吴绣皇”是一个古朴、地域、专业、细分的品牌，更是一项文化系列工程，坚持下去，就是一家百年老店。

经过15年的发展，“古吴绣皇”的品牌效应已在行业里脱颖而出。分别在北京、天津、大连、太原、西安、苏州、杭州、深圳等城市开设了30家品牌直营店。为提升公司形象及影响，我参与多项重大活动。譬如2007年在北京艺海拍卖会上，我的作品《蒙娜丽莎》拍得550万，由央视《财富故事会》专题报道；2008年制作的以“古技撷英，中华藏绣”为主题的北京奥运会特许绣品，在《天下收藏》这一节目中做了专题推介。与此同时，公司积极参与对外交流，多次参与国家文化对外交流活动，先后走访了德国、韩国、土耳其、南非等国家，传播了苏绣文化。

叶：作为非物质文化遗产代表性传承人，您有何创新举措？

沈：目前，苏绣老龄化的趋势日渐严重，后继无人是苏绣行业发展的第一大难题。我于 2014 年参与创立了苏州高博软件技术职业学院苏南民间工艺学院，并任院长和客座教授，希望凭借学校这个载体，培养刺绣年轻团队，孵化产业平台。2020 年苏州市政协十四届四次会议上，我递交了《贯彻“国家标准”，擦亮苏绣名片》的提案。我作为苏绣国家标准主要发起人，所要做的，除了在技艺上精益求精，规范创新也十分重要，如此，才能留住苏绣艺术之美。

在技艺上，我经过多年的研究，在继承前人技术的基础上，把艺术的绘画规律与传统苏绣的技艺充分地结合起来，运用“三散针法”来践行 12 字诀的核心理念：“针为笔、线为色、扬传统、汇中西”，把苏绣的传统刺绣技术与绘画的美学价值完美地结合在一起，既体现了刺绣的技术品质（工艺价值），又体现了刺绣的艺术审美（艺术价值）。在创作上，近年获外观专利总计 72 件及作品登记证书 70 件。作品获国家、省部级金奖计 20 余项。

**王健**

省级非遗（苏扇）代表性传承人

# 苏扇艺术独树一帜

## ——对话省级非遗苏扇代表性传承人王健

文／怀念

怀：请问您的从艺起点？

王：1981年12月进入苏州扇厂，1993年调入苏州桃花坞扇庄，从事扇骨技术指导生产管理与销售等，至2000年，历时19年，习成苏扇的扇骨、扇面、扇刻三大技艺。2001年创办王健扇艺工作室。

怀：请问您的师承关系？

王：1981年12月拜国家级非物质文化遗产项目（苏扇）代表性传承人徐义林为师，学习扇骨造型技艺，同期跟随李宗贤老师学习扇刻技艺。1993年又跟随老艺人朱水根先生学习传统扇面制作技艺。

怀：请问您从事艺种的历史及在苏州的发展？

王：苏州折扇，古称文人扇，乃怀袖雅物。始于唐宋，盛于明清，延续至今。2006年，苏扇（制扇技艺）被列入国家首批非物质文化遗产名录。

《蓝色腰扇》

苏州折扇，历代奉之为艺术品，是传统文化中处于象牙塔尖的艺术，诗、书、画、印，无所不载。远有明时四大家沈周、文徵明、唐寅、仇英，近有张大千、齐白石、吴湖帆等大师，无不在苏扇上展露才华。苏扇之折扇，为苏州经济创造了不可磨灭的功绩。据考，明代苏州城内有大小制扇作坊十余家，技工百余人；民国时期制扇作坊有数十家，全国各地遍布扇庄。新中国成立后，于 1955 年成立苏州折扇生产合作社；1958 年发展为苏州扇厂；1982 年，职工超过五百人，年产量最高时达七十五万把。规模似乎很大，但主要生产民航扇、广告扇、舞蹈扇等大众产品，苏州折扇从精英阶层使用的艺术品转变为普通的商品与工艺品。

王健，1965年生，苏州人。工艺美术师、江苏省非物质文化遗产项目（苏扇）代表性传承人。从事制扇与雕刻工艺30多年。曾在苏州扇厂、桃花坞扇庄从事设计制作和生产管理工作。擅长折扇扇骨深浮雕技术，又精通折扇穿面技术，使制作的折扇更具艺术品位。2001年建立王健扇艺工作室，潜心研究制扇技艺，恢复制作传统扇面。2002年先后成功恢复了失传几十年的发笺扇面和市青、黑金钢等传统扇面制作技艺。2004年又成功挖掘了失传已久的泥金扇面，为传承苏扇传统技艺做出了贡献。

怀：请问您对从事工艺的传承、发展、创新的主要贡献？

王：从业30余年，我不断探索本行业相关领域，运用独具的通晓苏扇扇骨、扇面、扇刻三项技艺的优势，归纳总结苏扇制作过程中的百余道工序，并在实践中形成自己特有的技术规范。

数十年来，我一直致力于苏扇文化的研究、整理、挖掘、创新、推广。2006年，我携数十件挖掘及创作作品，为制扇技艺非物质文化遗产的成功申报做出了一定的贡献。2010年5月，与姚永强共同创作的折扇《醉卧烟霞》陈列于上海世博会亩中山水园。作为非物质文化传承人，我肩负着宣传、推广与传承的重任，每年接受全国的各类采访数十次，先后带徒弟六名，帮助和指点从业人员数十名，提高了苏扇技艺的整体水平。曾为国内的一些博物馆讲解苏扇的保存、保养方法并做了相应的整理和修复工作。

怀：请问您的代表作？

王：《合欢扇》《腰扇》《乌骨泥金扇》《坤扇》。

怀：请问您的职称及荣誉称号？

《乌骨泥金扇》

王：工艺美术师，江苏省工艺美术名人，苏州市首届民间工艺家，江苏省非物质文化遗产项目（苏扇）代表性传承人。

怀：请问您对您从事的艺种的看法？

王：中国传统手工艺品种类繁多，从阳春白雪到下里巴人，无所不包。与文人雅士、水墨丹青如影随形的折扇，显然属于阳春白雪之列。它不同于一般的生活用品，中国折扇几乎从诞生之日起，就越入了审美范畴，甚至成了使用者身份的象征。传统制扇行业的扇骨、扇面、扇刻都是分工而制的。而扇面的制作就需数位经验丰富的老师傅协作而成。对于从业人员来说，必须以打破传统制扇行扇骨、扇面、扇刻各自为政的藩篱为目标，钻研技艺，转益多师，研习古籍。

蔡梅英 高新区非遗（苏绣）代表性传承人

# 梅花香自苦寒来

## ——对话高新区非遗苏绣代表性传承人蔡梅英

文/怀念

怀：请问您的从艺起点？

蔡：1965 年，我出生于苏州镇湖。我家祖祖辈辈的女性都从事刺绣，是一个名副其实的刺绣世家。我从小就熟悉刺绣手艺，七八岁即帮母亲穿针引线。15 岁那年，跟母亲学绣被面、枕套、台布，绣的图案多为百鸟朝凤、鸳鸯戏水等传统吉祥图案，针法主要是传统的“排比其针，密接其线”的平针绣。2001 年，在镇湖开设了蔡梅英刺绣艺术馆。曾获得江苏省乡土人才“三带”能手、姑苏高技能重点人才、高新区非物质文化遗产项目（苏绣）代表性传承人、苏州市民间工艺家、全国劳动英模等称号。

怀：请问您的师承关系？

蔡：29 岁那年，我寻到了苏州刺绣研究所的王祖识先生，有幸成为她的入室弟子。

怀：请问您所从事的艺种的历史与发展？

蔡：刺绣是用绣针引彩线，将设计的花纹在丝织面蔡梅英，女，1965年生，苏州人。研究员级高级工艺美术师，江苏省工艺美术名人，江苏省工艺美术大师。师从苏绣大师王祖识。刺绣技艺全面，在刺绣人物、花卉、动物、风景等方面颇有造诣。代表作品有姑苏繁华图、清明上河图、百骏图、西园雅集图等。其中姑苏繁华图于2012年荣获第十届中国民间文艺山花奖，并在第二届中华民族艺术珍品文化节上获得中华民族艺术珍品奖等奖项。2001年建立蔡梅英刺绣艺术馆。为高新区非物质文化遗产项目（苏绣）代表性传承人。

料上刺绣运针，以彩线构成花纹图案的一种工艺，因多为妇女所做，故又名“女红”。苏绣是中国“四大名绣”之一，主要流行于苏州地区，以仿画绣、写真绣细腻逼真、形神兼备的艺术效果为主要特点。

怀：请问您的主要业绩与贡献？

蔡：我从事刺绣已40余年，通过几十年时间的磨炼和经验累积，取得了一定的成绩。苏绣长卷《姑苏繁华图》荣获第十届中国民间文艺山花奖·优秀民间工艺美术作品奖、2011“天工艺苑·百花杯”中国工艺美术精品奖金奖和第二届中华民族艺术珍品奖等多个奖项。本人曾在中国文化中心、上海世博会、广东华侨博物馆等现场展演苏绣艺术，事迹荣登中央电视台、《人民日报》、新华网、中国新闻网、海外电视网等各大媒体平台。作品曾在美国、加拿大、老挝和中国澳门卢家大屋等地展览，还被中国知识产权局、青海省博物馆、天津迎宾馆和老挝国家主席等海内外知名机构和名人收藏。

怀：请问您的获奖情况以及代表作品？

蔡：我的代表作有《姑苏繁华图》《清明上河图》《百骏图》《西园

《敦煌系列人物》

雅集图》等长卷。其中，苏绣长卷《姑苏繁华图》于 2009 年 7 月在蔡梅英刺绣艺术馆封针，绣品按与原作 1 ： 1 的比例，由 18 位刺绣工艺师耗时 5 年精心绣制而成。绣品全长 15.9 米，宽 47.5 厘米，绣稿系清代乾隆帝御用画家徐扬在江南时的写生画《盛世滋生图》，又名《姑苏繁华图》，再现了当时从太湖和府城西诸山由西往东而北，穿过水乡村庄、市镇，巡礼府城西部胥门、阊门内外、万年桥一带、七里山塘到姑苏名胜虎丘山的市肆繁华景象。《姑苏繁华图》刺绣艺人以针代笔，以线代色，运用斜针、铺针、乱针、钉针、滚针、散套、打籽等丰富的针法，将图中的湖光山色、流水人家、田园村舍、古渡行舟、各异桥梁、沿河市镇、商业集市等情景再现出来，生动形象地反映了十八世纪中叶古城苏州市井风情的繁荣盛况。2012 年，苏绣长卷《姑苏繁华图》荣获中国民间文艺山花奖。

怀：请问您获得的荣誉称号？

蔡：研究员级高级工艺美术师，江苏省工艺美术名人，江苏省工艺美术大师，江苏省乡土人才“三带”能手，姑苏高技能重点人才，高新区非物质文化遗产项目（苏绣）代表性传承人，苏州市民间工艺家，全国劳动英模等。

周海云

研究员级高级工艺美术师

# 话说艺术人生

## ——对话江苏省工艺美术名人周海云

文／吴建伟

吴：请您谈谈从事刺绣艺术事业的心路历程。

周：谢谢！您这个问题问得好，我从事这门艺术可谓历尽艰辛，真正体会到了“没有磨难就没有收获”这句话的真谛。20世纪80年代初，我与镇上很多年轻人一样，凭着自己从小就跟母亲学习的刺绣技艺，开始做起了刺绣。当时，镇湖虽然有很多农村夫妇从事刺绣行业，但绝大部分是为吴县刺绣工厂代加工，个体创业的人并不多。创业伊始，我们家的绣品得到了一位客商的赏识，被陆续订购了几批。然而只知道埋头苦干、精心刺绣的我，并没有关注家人是如何与客商进行办议的，在没有与客商签订任何合同的前提下，就开始了大批量的刺绣制作。当客商毁约，家中积压了几十万元成本的绣品时，我们全家陷入了困境。面对困难，我并没有被吓倒，凭着对创业信念的执着和对苏绣艺术的热爱，被逼上绝路的我，坚持拖着怀孕八九个月的身体东奔西走，寻求销售渠道，在孩子出生未满十个月时，就忍痛割舍对孩子的爱，又

《风雨归牧图》

单枪匹马为着刺绣订单被毁约的事情勇闯北京。当时，我口袋里只有向亲戚东拼西凑借来的五百元钱。几经周折，我终于找到了代销商。可是一波未平，一波又起。代销商后来又背信弃义直接离开了。而北京这家商场的总经理尽管知道这批货物是我的，却无法还给我。等待事情解决的日子就似流水般一天一天溜走。除了每天七块半的住宿费，我不舍得乱用一分钱。饿了，就买两个周海云，女，1965年生，苏州镇湖人。研究员级高级工艺美术师，江苏省工艺美术名人。1984年开始从事刺绣技艺工作，师从中国工艺美术大师张玉英，经过多年刻苦学艺，苏绣技艺不断进步。代表作品有泰山童子、水乡、八十七神仙卷等。绣制的赛波花、木槿牡丹、玫桂情谊等绣品成为国礼品。2000年创办云帆刺绣有限公司，2007年创立海云刺绣研究所，2017年又建成云帆苏绣艺术馆，为传播刺绣艺术做出了贡献。

面包或两包方便面作为一天的粮食；累了，舍不得坐五毛钱的地铁，以步行代替。就这样，一个月过去了。我终于拿回了属于自己的绣品，我那股子锲而不舍的精神打动了商场总经理。商场与我签订了新的合同，帮助我们的绣品在商场代销。为扩大宣传，增加销售，商场还邀请我到天坛祈年殿、长城、天坛饭店、潭柘寺等地进行刺绣表演，其间，得到了北京燕莎友谊商城等高级商场领导的认可，并最终允许我们的绣品进入商场柜台销售。绝处逢生的我，从此开始了“北漂”的绣娘生活。

吴：“北漂”的绣娘生活一定给您带来了更多的惊喜与收获。

周：是的。一分耕耘，一分收获。我的现场刺绣表演不仅宣传推广了自己的刺绣，提升了我们的绣品销量，而且通过这种别开生面的表演形式，很好地传播了苏绣文化。因此，我的表演不久便得到了北京广大市民和媒体的关注，中央电视台、北京电视台相继采访报道了我的事迹。正是这一次机会让我在北京站住了脚，打开了销售市场，并陆续将绣品带进北京燕莎友谊商城、北辰购物中心、双安商场等大型商场。1992年，我成立了吴县市云帆刺绣工艺品厂，拥有了自己的销售公司。1994年，先后与青岛啤酒厂签订了2000份双面绣订单，与中央电视台、中央各大部委签订合同，绣制了刺绣礼品赠送国际友人。1997 年，我又与慕名而来的石家庄北国商场、济南银座商场签订了合作协议。目前，我们的绣品销售遍及北京、上海、济南、石家庄和台湾等地方。

吴：您是何时结束“北漂”生涯回到故土的？并请您谈谈拜师学艺和艺术精进等的情况。

周：我是 2006 年正式回到生我养我的这片故土的。17 年的“北漂”经历改变了我的人生轨迹，而我无时无刻不挂念着故乡。我深深感到只有回归故里，我的刺绣才会变得更加鲜活。回到苏州后，我即拜中国工艺美术大师、国家级非物质文化遗产（苏绣）代表性传承人张玉英为师。经过多年的努力学习，我的刺绣水平得到了极大的提升，掌握的苏绣技法越来越丰富，并在虚实乱针绣的针法上形成了一套独特见解。比如《荷——韵里乾坤自高洁》这幅刺绣，就是我较满意的作品。绣制此幅作品，我采用了乱针绣的绣法，把画理和绣理结合在一起，后来这幅作品在第八届中国工艺美术大师作品暨工艺美术精品博览会上获得 2007 年“百花杯”中国工艺美术精品奖银奖。

吴：您的刺绣作品受到了越来越多的认可，您多次参与了国家重大项目的创意创作，请您谈谈。

周：好的。在 1997 年，我们承制了香港回归大型刺绣作品《锦绣江山锦绣龙、统一大业统一情》；2008 年，在上海梅龙镇广场有限公司和上海市体育局联合举办的“子鼠绣奥运”大型奥运主题苏绣制作活动中，我们是唯一承制单位；2009 年，作品《泰山童子》为中华人民共和国第十一届运动会社会捐赠物品；2014 年，我们主导创作的作品《七彩牡丹》被 APEC 会议厅使用；2018 年 7 月，苏州市政府与美国波特兰庆祝缔结友好城市 30 周年，现场绣好的原创刺绣作品《玫桂情谊》被赠予波特兰市市长；等等。

吴：您艰苦奋斗的精神与事迹受到了苏州市和苏州高新区领导及有

关部门的高度关注和大力表扬，请您谈谈。

周：谢谢您的夸奖。2006 年，我被苏州高新区管委会评为先进工作者。2007 年，我们公司被苏州市人民政府授予苏州市个体工商户优秀创业者称号。同年，我又成为苏州市虎丘区第六届政协委员、江苏省工艺美术行业学会会员，云帆刺绣工艺品有限公司也成了江苏省工艺美术行业协会会员单位。2008 年，我被评为江苏省十大杰出创业明星。2009 年，我被评为苏州市虎丘区优秀政协委员。2011 年 2 月，中华全国总工会授予我“全国五一巾帼标兵”荣誉称号。2012 年 3 月，我被认定为苏州高新区第三批非物质文化遗产代表性传承人。2013 年 4 月，我被苏州市人才工作领导小组办公室、苏州市人力资源和社会保障厅认可为苏州市姑苏高技能重点人才。2017 年 4 月，在全国城乡妇女岗位建功活动中，我成绩显著，被中华全国妇女联合会授予“全国巾帼建功标兵”荣誉称号。2017 年 12 月，由中国共产党江苏省委员会、江苏省发展和改革委员会等授予我江苏省首批乡土人才“三带”名人称号。

**梁雪芳**

高新区非遗（苏绣）代表性传承人

# 『站着』刺绣的人

## ——梁雪芳刺绣技艺传承心路

文／叶志明

“苏州人用构筑古典园林的精巧，布局出现代经济的版图，用双面刺绣的绝活，完成东方与西方的衔接”是解读现代苏州的名句。无意之中，园林与刺绣成了代言这座城市的文化信使。历史悠久的苏绣，自宋代进入兴盛阶段，工艺也日臻成熟。现在，从“绣线巷、滚绣坊、锦绣坊、绣花弄”等坊巷名称中，可窥见苏州刺绣的繁华。改革开放以后，镇湖成了中国刺绣的重镇和苏州刺绣的中心。在镇湖“户户刺绣”的数万绣娘中，梁雪芳是一位特立独行的人，更是一位“站着”刺绣的人。

对“站着”刺绣的理解有三重。一是指把传统刺绣置于纤维艺术、装置艺术中来重新认识，在公共空间里发现刺绣。二是指梁雪芳的刺绣主题创作，均为几米到几十米的作品，绣工将画稿张贴在很高很大的墙面上，站在脚手架上布局摹绘，绣制时需费劲竖起作品，校勘视觉差。这些活脱离了伏案埋头刺绣的空间局限，意味着在原材料、技艺和展示空间等方面都有别于传统刺绣。三是指梁雪芳的刺绣传承心路，在清华大学与苏州工艺美术职业技术学院之

《禅韵》

间“读行”，以10%的学历再加上90%的践行，契合了“读万卷书，行万里路”的古训。如此“站着”，时间长了，梁雪芳便真正地立于刺绣业内的前阵了。

刺绣是用来看的，从刺绣的审美角度讲，我觉得应该是：我看，我看见，我阅读！好的刺绣不但要带领观者“走进去”，一同感知绣娘编织的意境，还要能引导观者在“阅读”之余“走出来”，以发现美的眼光打量所处的现实世界。这种“阅读”是刺绣语言超越文字的意指，以更为开阔的姿态绽放，而无须解释。所以，梁雪芳很少言说和解释自己的创作，一方面符合她个性上的特点，另一方面也说明作品自身的呈现比言说和解释更有说服力。我想指出，她多年来固执地于“读行”的不懈不怠，使绣娘与刺绣间形成了若即若离的关联。但梁雪芳说“我只是一绣娘”，此言并非故弄玄虚，她只是断开了那个开梁雪芳，女，1965年生，苏州镇湖人。研究员级高级工艺美术师、江苏省工艺美术大师。自幼随母亲学绣，师承中国工艺美术大师顾文霞先生。2000年至今获国家级金、银奖数几十项，作品由毛泽东纪念堂、中国国家博物馆、英国大英博物馆等机构典藏。现为苏州市人大代表、政协委员、劳动模范，清华大学访问学者、清华大学美术学院纤维艺术研究所副所长，中国工艺美术学会纤维艺术专业委员会理事，苏州市工艺美术职业技术学院特聘教授，四川美术学院手工艺术学院特聘教授。

关。从看绣娘不是绣娘，到看绣娘还是绣娘，往往只在一念之间，而梁雪芳似乎走得更加彻底，看绣娘，看大师，看教师（苏州工艺美术职业技术学院特聘教授）……一切皆是看刺绣艺术而已，由此从“站着”中感受了人生价值的真谛。

梁雪芳也有着沉甸甸的荣誉、显赫的头衔、繁多的身份。但在她看来，荣誉如竞技场，它的功利性在于：横向是与同行竞争的筹码，而纵向则是与自己的较劲。所以当她成了大师、教授、研究员、劳模及人大代表等等之后，感到其实就是申领了领跑者的席位，必须用更大程度的拓展来供圈内圈外认知及确认。所以近十年来，她是领跑者，在苏绣“抄袭复制”的境遇中，她是“站着”刺绣的人，并在这几年里一直持续地贡献出惊喜，这可谓是最令我们感动的创新春风吧。

所谓创新，不是绝对的概念，归根结底是相对的观念，有时还会忽然发生角色互换。所以，在分辨什么是旧、什么是新之前，每个人不得不在各自的情形下辨明“强加于”我们的东西是旧还是新，这样做非常辛苦。创新必须以前人的成果为根基，没有人可以凭空再创造一遍“轮子”。所以，梁雪芳的创新分为：知古——理解传统；知今——把握当下；知我——找到自己。三者缺一不可，找到了它们的合作用力，就找到了自己的艺术主张，唯有在此基础上才有可能突破

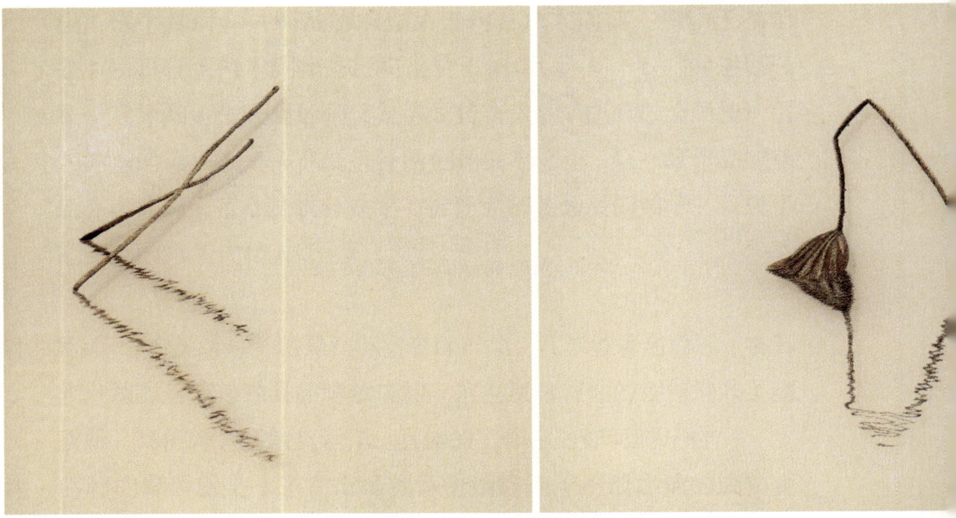

《尔若盛开》

“抄袭复制”的瓶颈，从而形成自己的艺术风格。

对梁雪芳而言，领跑者有两大任务：一是对刺绣的原来（前世）话语的顿悟，二是对刺绣当代生活（今生）的阐释。前者是出发点，后者是一种目的。而二者的连接点，正是温故知新与学新知新间的“创新”。

2012 年 9 月，应中国工艺美术协会和中国刺绣协会之邀，梁雪芳以清华大学纤维艺术研究所研究员的身份，在中国刺绣高峰论坛上发布了其团队研究了两年的“刺绣微软保护层”科技项目。其发明解决了千百年来刺绣防腐、防潮、防蛀、防尘、防污等的难题，突破了刺绣仅为“架上艺术”（镜框式室内陈列品）的局限性，证明了把传统刺绣扩展到公共空间（融入建筑装饰领域，如大型壁画）的可行性，开拓了刺绣融入生活的可能性和独步于艺术的无限性，为刺绣从“架上艺术”回归到服饰，激活传统产业使之融入文化大发展提供了成功

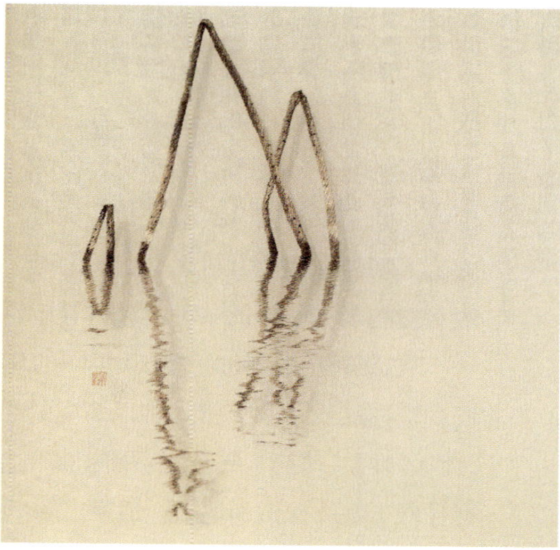

的典范。

从“读行”到“站着”,梁雪芳在把一根丝线演绎成六十四分之一的同时，也把刺绣从工艺美术传统的领地中带入当代艺术关注社会人文的视野中。数百年的女红传承，借助传统与现代、艺术与科学、学术与产业的创新，以“学院派”的面容，进入当代苏绣文化的现场。不变的是传统的材料、传统的针法，变的是全新的文化语境中别开生面的“刺绣的青春版”。

《尔若盛开》系列是梁雪芳的“刺绣的青春版”，是主题创作《荷韵》的升级版，构图上没有浮躁张扬只有沉稳内敛，没有佻达只有厚重。几枝断梗残叶，不依不饶地在素淡洁净的丝绸上生长，皆成妙境，在绣与不绣之间似铁似墨，虚实相生，奇趣乃出。在这组原创的《尔若盛开》系列作品中，我们听到了久违的创新的逢春梦呓。

一件好的绣作，应该被缓慢阅读，长久留存，并且在读后受益，我们心中的范本，就是静候勃发的《尔若盛开》。它是简约的、笃定的、宁静的、深入的，它的气质有些“甘愿带有落伍和倒退之气”，有些不合时宜，在时间之外，要与“趋同”有着距离，与这个热衷于名头或名气的终极姿态有所错位，必须以创新的行动来定位“存异”的价值。而《尔若盛开》就是荷花的自然属性、文化的社会属性与苏绣的艺术精神属性的有机融合，以达到对市场经济条件下人们的浮躁心理与功利至上心态的一种拯救，让喧嚣“尘埃落定”。

观赏梁雪芳 2000—2020 年间的作品，迎面扑来一种逼人气息，使刺绣的品质达到了常人难以攀爬的高度。例如细“阅读”梁雪芳的《荷》《春》《荷韵》等荷花系列作品，会发现在刺绣语言及装裱形态上都显现了她的探索和追求。最突出的个性形式有两点，一是丝线意味，二是结构张力。从中我们能体验到传统材料与当下境遇的互译。从“才露尖尖角”到“荷花别样红”，从“萧瑟残叶挺”到“出污而不染”，她是站在当代绣娘的立场上，重新审视和思考荷之美，在《诗经》与《楚辞》、曹植与王勃、陆游与周敦颐、佛典与民间传说中再撷荷花，嗅出人生价值与生命状态的新境界。再“读”梁雪芳创作的《清奇古怪》这幅装置艺术（刺绣），感受到的是气势宏大而不沉重，气韵生动而气度超脱。一截高高拔起的枯枝，周围簇拥着无限生机，将人们引入更高的境界，引向对于宇宙之道的遐想，彰显了一种强大的穿越时空的力量。作品视觉构图方正，装裱新颖独创，反映了梁雪芳追求宏伟、崇高与和谐的境界的艺术观。这幅作品获 2010 年“从洛桑到北京”第六届国际纤维艺术双年展铜奖（国际仅设 15 个奖项）。这块沉甸甸的奖牌，对于中国工艺美术群体来说，宛如一柄青剑，连接时光，横陈天地，预示着工艺美术能够赢得与纯艺术同等话语权的未来。

梁雪芳做事严谨，从艺认真。认真的背后是一种责任，因为她是一个懂得感恩的人，她知道今天拥有的一切来之不易，今天所获得的成就既是对自己努力的回报，更是这个时代给予自己的恩泽。感谢这个时代，感谢周围支持和理解她的人们，她把这种由衷的感谢自觉地融入传统刺绣的传承工作中。

## 姚梅英

研究员级高级工艺美术师

# 传承苏绣艺　绣出民族情

## ——对话江苏省工艺美术大师姚梅英

文／吴建伟

吴：请您谈谈从何时起从事刺绣艺术的。

姚：我自 1983 年 7 月于苏州镇湖中学毕业后，就开始从事刺绣艺术工作。曾先后在镇湖中学刺绣校办厂、苏州刺绣研究所、中国苏绣艺术博物馆和苏州任嘒閒刺绣艺术工作室学习和工作过，于 2006 年创办苏州高新区姚梅英绣苑。现为苏州姚梅英刺绣工作室艺术总监，从事苏绣技艺的研发、传承和刺绣人才的培养等。

从艺以来，我先后绣制了《金鱼》《瑞雪》《耶稣像》《小园曲径》《莲荷福荫漾满堂》《柳荫双骏图》《明唐寅人物画仕女系列》《芭蕾美少女》《恋歌》《百鸟朝凤》《富春山居图》等艺术精品。还耐心指导工作室的郁静、魏凤玲等绣娘绣制出《百骏图》《春天里百花开》《前程似锦》《母子情深》《金婚夫妇结婚照》《宁静致远》《西方三圣》《捣练图》《虢国夫人游春图》等许多优秀作品。

吴：2007 年，您的苏绣艺术作品《金鱼》获得金奖姚梅英，女，1966年3月生，苏州人。研究员级高级工艺美术师、江苏省工艺美术名人、江苏省工艺美术大师、苏州市姑苏高技能重点人才、苏州高新区非物质文化遗产代表性传承人。师承苏绣大师王祖识老师，曾得到中国工艺美术大师顾文霞、任嘒閒和苏州刺绣研究所吴晓等老师的教诲。苏绣代表作品有金鱼、瑞雪、莲荷福荫漾满堂、明唐寅人物画仕女系列等。近年来，她为少数民族地区绣娘培训苏绣技艺做出了卓越的贡献。

之后，您几乎年年都有作品获奖，请您谈谈。

姚：您过奖了，我一直在努力创作中。我获奖的苏绣艺术作品主要有：2007年，《金鱼》在第八届中国工艺美术大师作品展暨工艺美术精品博览会中获金奖，并入编《第八届“百花杯”获奖作品集萃》。2009年，《莲荷福荫漾油满堂》获第二届中国（南宁）工艺美术精品博览会金奖。2014年，《宁静致远》获第二十九届中国北京工艺美术博览会金奖。2015年，《百鸟朝凤》获“艺博杯”江苏省工艺美术精品博览会银奖。2018年，《明唐寅人物画仕女系列》获第十六届中国大连工艺美术博览会银奖。2019年，《百子图》获第二十届中国工艺美术大师作品暨2019“百花杯”中国工艺美术精品银奖和第五届东方工艺美术之都博览会特别荣誉奖。此外，我的苏绣作品《松龄鹤寿》《国色天香》分别陈列于北京人民大会堂和中南海。《十鹤图》被中国工艺美术陈列馆收藏，《孙中山和宋庆龄结婚照》被上海宋庆龄纪念馆收藏，《日本皇太子妃雅子和公主爱子》被日本皇室珍藏，《世界经济论坛主席施瓦布人物肖像》被作为国礼赠送给世界经济论坛主席施瓦布先生。

吴：2011年11月，苏州姚梅英绣苑被苏州市人民政府授予“苏州

《金鱼》

市民族团结进步模范集体”，您和您的团队默默无私奉献的先进事迹先后被《苏州日报》、苏州电视台、江苏卫视、新疆《伊犁日报》、江苏民族事务局、江苏文艺网、日本 BS 朝日电视台《中国神秘之旅》栏目摄制组等采访报道，请您讲述一下。

姚：2010 年 3 月、4 月间，联合国开发计划署扶持的少数民族地区综合扶贫示范项目——新疆察布查尔县锡伯族绣“刺绣技能培训班”开班，参加培训的共有来自汉族、锡伯族、哈萨克族、维吾尔族、俄罗斯族等民族的 45 位察布查尔县的贫困妇女，其中残疾人占 6%。应新疆维吾尔自治区民族事务委员会之邀，我克服家庭困难，远赴新疆。为便于教学，放弃了舒适的生活条件，坚持与学生同吃同住，没有节假日，努力克服生活、饮食、语言交流等方面的困难，手把手地悉心指导学生。其中，锡伯族学生们的锡伯族绣艺得到了很大提高，高质量地完成了 40 多幅绣品。在一个月的朝夕相处中，我以高尚的品格、精湛的技艺赢得了当地学生们的喜爱，并受到了察布查尔县委、县政府的高度赞扬，被聘为“锡伯绣”手绣工艺顾问。能有这样一次机会，我感到非常荣幸，此行不仅向少数民族地区的妇女传授了刺绣技能，还支援了少数民族地区的经济建设，更重要的是把苏州的人文精神传播到了祖国的西北边陲，谱写了各民族团结进步、共同繁荣发展的新篇章，传承苏绣艺，绣出民族情。也就是在这次执教中，我被这批热爱刺绣的残疾人所感动，她们聪明且学习刻苦。有一名新疆姑娘唐钰芸刺绣基础不错，当她主动向我提出想来苏州系统学习苏绣的要求后，我高兴地一口答应了，并为她提供一年多的免学费、免食宿费的培训。在姚梅英绣苑工作室全体人员的帮助指导下，唐钰芸的刺绣技艺有了长足进步。2019 年 7 月，唐钰芸在第五届新疆残疾人职业技能竞赛民间工艺品制作工（刺绣）比赛中获得第一名，并荣获伊犁州第六届“伊犁青年五四奖章”。近年来，姚梅英工作室先后共为百余位少数民族地区的妇女来苏州参加培训提供服务与指导。

吴：请问您今后的发展方向？

姚：作为献身于苏绣艺术的绣女之一，我将凭借勤奋、坚韧、智慧，在传承苏绣优秀传统技艺的基础上，研究当代苏绣创新发展的方向，追求形式美、工艺美和艺术美，充分反映苏绣“精细雅洁”的技艺特色，创造出时代与传统相结合的传世之作，在新时代中，为推动苏绣艺术的进一步创新发展做出新业绩。

薛金娣

江苏省工艺美术大师

# 苏绣中的文人画

## ——对话江苏省工艺美术大师薛金娣

文／怀念

怀：请问您的从艺起点和经历？

薛：受镇湖浓郁刺绣文化的熏陶，我从小便热爱刺绣。先跟母亲学，后来考进吴县刺绣厂镇湖分厂，之后又向顾金珍老师学习人物肖像和其他题材的绣制方法，主要以细平绣为主。2000 年成立自己的工作室——臻绣轩。

怀：请问您的师承关系？

薛：傅元忠——顾金珍——薛金娣。

怀：请问您所从事艺种的历史及在苏州的发展？

薛：中国的刺绣艺术历史悠久，最早可以追溯到远古时代，它伴随着玉器、陶器和织物的诞生而出现。刺绣，是用彩色丝、绒、棉线在绸、缎、麻葛、布帛等底布上借助针的运行穿刺绣出花纹、图像或文字，古籍中称为“针 ”或“女红”。刺绣与绘画是一对“双胞胎”，因此，《周礼·考工记》便将刺绣隶列在绘画之内，认为“五彩备，谓之绣”而首肯刺绣的艺术地位。最初的刺绣又和美丽的丝织锦缎并列，统称为“锦绣”。事实上，这样的认识，就完成了刺绣发展历程的一个重要过渡。这又从另一层面表明了刺绣实用和审美结合的工艺文化性质及其历史的源远流长。

作为手工艺的刺绣，是在一般缝纫的基础上发展起来的。从穿针引线到缝制衣服，是人类文明的一大进步。考古资料证明，早在一万八千多年前，我国旧石器时代的山顶洞人已经使用骨针缝缀兽皮。到了新石器时代，距今七千多年前的河姆渡人，不但使用骨针，而且学会了纺织。江苏草鞋山遗址中出土了带花纹的葛织品，浙江钱山漾遗址中出土了绢片、丝线、丝带和苎麻布，证明了中国的丝织已发展到一个新的阶段。

中国长达三千多年的农业社会，不仅树立起以农为本的思想，也建立起男耕女织的制度。在很多地方，女孩子从小的时候起，就要学习纺纱织布和裁衣缝纫，刺绣是与此紧密联系的。过去在江南地区，特别是在苏州一带，专门有被称作“绣娘”的职业人群（现在在苏州镇湖一带非常有名），她们不仅自己绣，也会教一些富裕人家女儿学习刺绣。在出嫁的时候，女孩们不仅要绣自己的嫁妆，并且要制作很多带有刺绣的工艺品（如荷包、汗巾之类），以便出嫁时送给男方的亲友。因此，刺绣也就成为衡量新娘心灵手巧的一个标准。

唐代和宋代的刺绣工艺都有很大发展。白居易《秦中吟》一诗中写道：“红楼富家女，金缕绣罗襦。”崔令钦《教坊记》中说：“圣寿乐舞衣襟皆各绣一大窠，皆随其衣本色制就缦衫。”苏鹗《杜阳杂编》载：同昌公主出嫁时，有神绣被，上绣鸳鸯三千，并间以奇花异草。相传玄宗时，宫廷中为杨贵妃一人织造奇锦、刺绣衣裙的工人多达700余人。

苏绣发展到今天，不仅保留了原来的精湛技艺，绣法的创新使它的光彩更加闪亮。苏绣工艺善于总结经验、独辟蹊径，继发绣、双面绣之后，又相继成功地创造出双面异色绣、双面异色异样绣等新作。就纯欣赏用的美术绣品来说，是以针代笔，积丝累线而成的。技法、针法的特点也就是“和色无迹、均匀熨帖、丝缕分薛金娣，女，1966年出生，苏州人。研究员级高级工艺美术师、江苏省工艺美术大师。6岁随母亲学习刺绣，后拜苏绣艺术家顾金珍为师，学习人物肖像绣。擅长绣古代文人画，如竹石、秋庭婴戏图等。2000年自主创业，开设臻绣轩绣庄。代表作品有韩熙载夜宴图、鸿练图、月曼清游图等。多次参展并获奖。

明、毛片轻盈松快”四句话。可以说苏绣工艺是在对反映时代风貌的新作品的绣制中得到进一步发展与提高的。苏绣的主要艺术特点是图案工整娟秀，色彩清新高雅，针法丰富，雅艳相宜，绣工精巧绝伦。就苏绣的针法而言，极其丰富而变化无穷，共有9大类43种，主要有齐针、抢针、套针、施针、乱针、滚针、切针、平金、打点、打子、结子、网绣、冰纹针、挑花、纳锦、刻鳞针、施毛针、穿珠针等等，采用不同的针法可以产生不同的线条组织和独特的苏绣艺术表现效果。例如，运用施针、滚针绣的珍禽异兽，毛丝柔顺，活灵活现；采用套针绣的花卉，活色生香，尽态极妍；使用乱针绣的人像和风景，线条组织多变，装饰味浓，艺术效果强，富有浓郁的民间、民族特色；使用打点绣的绣品，清静淡雅，极富诗情画意；运用打子绣的绣品，具有古色古香、淳朴浑厚的艺术效果，在技巧上表现出平、齐、细、密、和、光、匀、顺的特色。

现在，苏绣的产地集中在以镇湖为中心的一圈范围内，总的规模和产销量很大，除有部分在国内销售外，也有很多远销日本、美国等发达国家。可以说作为中国传统的工艺之一，苏绣的发展前景一片大好。

《捣练图》

怀：请谈谈您在从事工艺的传承、发展、创新方面的主要业绩与贡献。

薛：我的老师顾金珍主要传授了我关于人物肖像和其他题材绣品的绣制方法，我在继承顾老师技艺的基础上，主要从事中国古代名人名画的绣制，针法以细平绣为主。

目前，行业内坚持以细平绣为主的绣娘不多，以细平绣进行古代名画绣制的则更少。细平绣比乱针绣技术难度高，更考验悟性和绣制功底。所以愿意学习细平绣的年轻人少，学习乱针绣的多。我坚持以绣古代名画为主，主要采用细平绣和细乱针，用色细腻多样。走的是收藏路线，每年做的数量不多，求精不求多，确保每一幅作品的质量达到苏绣“精细雅洁”的特点。并且，在不断的实践和探索中，创新运用捻丝盘线绣和珠状物立体绣法，以加强刺绣画面编织物类花纹与图案的层次感和立体感，更显作品的真实性和灵动性。

我将不遗余力地将这门手艺传承下去，指导弟子顾建珍、龚兰学习苏绣。龚兰在第五届全国残疾人职业技能竞赛中获得刺绣项目第二名，在第三届全省残疾人职业技能竞赛中荣获刺绣项目第一名，在第四届全省残疾人职业技能竞赛中获刺绣项目第一名，在苏州市第二届残疾人职业技能竞赛中获刺绣项目第一名。

怀：请问您的获奖作品或代表作？

薛：我的代表作有《捣练图》《韩熙载夜宴图》《月曼清游图》。

主要获奖作品：2003 年，《伊丽莎白女王》获中国工艺美术大师作品金奖。2004 年，《贵妃戏鹦鹉》《墨竹子》获中国民间艺术大师精品赛金奖。《戴安娜王妃》获江苏省民间工艺品博览会金奖。2005 年，《猫和狗》获“百花杯”中国工艺美术精品奖银奖。2006 年，《和合二仙》获国际民间手工艺品博览会银奖。

2007年，《吹箫仕女图》获江苏工艺美术精品赛金奖。2008年，《秋庭婴戏图》获"百花杯"中国工艺美术精品奖金奖。2009年，《聚瑞图》获国际文博会中国工艺美术文化创意奖金奖，《丁香花》获文博会工艺美术作品展金奖。2010年，《韩熙载夜宴图》获"百花杯"中国工艺美术精品奖金奖。2011年，《月曼清游图》获中国工艺美术文化创意奖金奖，《锦春图》获"天工艺苑·百花杯"中国工艺美术精品奖金奖。2012年，《捣练图》获得第十届中国民间文艺最高奖山花奖，《冬景戏婴图》获"百花杯"中国工艺美术精品奖金奖，《捣练图》获苏州市精神文明建设"五个一工程"入选作品奖。2013年，《桃潭浴鸭图》获北京国际工艺品展览会工艺美术金奖。2014年，《灵芝双雀图》获中国民间艺术博览会金奖。2016年，《花荫双鹤图》获"苏艺杯"国际工艺美术精品博览会金奖。2017年，《击鞠图》获"百花杯"中国工艺美术大师作品展金奖，《踏歌图》获"苏艺杯"国际工艺美术精品博览会金奖等。此外，作品还被国内外知名人士收藏。

怀：请问您所获称号、职称？

薛：苏州市民间工艺家，江苏省工艺美术大师，研究员级高级工艺美术师。

怀：请问您对本行业的基本观点？

薛：随着城市化、工业化的推进，如何保护苏绣这块艺术瑰宝，如何带着淳朴的民间艺术与时俱进，如何在科技高速发展的今天继续让苏绣传承和发扬下去，是本行业的重任。

**姚建萍**

国家级非遗（苏绣）代表性传承人

# 难忘的 2019

## ——对话国家级非遗苏绣代表性传承人姚建萍

文／叶正亭

叶：姚老师，请谈谈 2019 年您奔波在草原、大山“针尖扶贫”，回报社会、奉献人民的情况。

姚：我的 2019 年，和以往的年份是有点不一样。从前，每一年的主题词都是围绕作品的。叶主席，您在五年前曾写过《姚建萍的 2014》，那一年，我完成多件国礼的绣制：5 月，创制的《木槿花开》随国家领导人访韩；8 月，苏绣立屏《和平之歌》陈设于南京青奥会南博大厅，多国元首夫人拿起绣花针，和我一起绣制苏绣《丝绸之路》，贵宾们还观摩并热议了我正在绣制的另一组绣品——《中国梦·花韵系列》；9 月，我带着《丝绸之路》远赴法国巴黎，作品在“丝绸之路与创意城市”展览上大放异彩；9 月，我又以惊人的毅力与速度，完成了墨西哥总统夫妇肖像《培尼亚和里韦拉》国礼的创作、绣制任务。2014 年可称为“丰碑之年”。

叶：2019 年，您以相当的时间和精力，投身于我们国家的扶贫事业。你是如何展开工作的？

姚建萍，女，1967年出生，研究员级高级工艺美术师。2009年被认定为第三批国家级非物质文化遗产项目（苏绣）代表性传承人。她在继承传统刺绣技艺的基础上，刻苦学习，尤其在人物肖像绣上有所创新。代表作品有肖像绣周总理、邓小平、蒙娜丽莎、父亲和江山如此多娇、春早江南、和谐——百年奥运中华梦、丝绸之路系列作品等。作品多次在国内外展出，曾四次荣获中国民间文艺山花奖及中国国际民间艺术博览会金奖。肖像绣安南与江泽民被收藏于联合国总部。1997年被联合国教科文组织授予『民间工艺家』称号。她先后走进北京大学、牛津大学等高校，倡导青年人了解和热爱中国传统文化，被人们誉为『刺绣皇后』。

姚：党中央号召“精准扶贫”，中宣部、中国文联号召艺术家实施“文化扶贫”“技艺扶贫”，用文化小康服务于全面小康。作为中国文艺志愿者协会副主席，我理应做出表率。我通过“针尖扶贫”，用先进的文化理念和一枚小小的绣花针，为扶贫一线的群众加油鼓劲、支招献策。我始终用一句话激励自己：“百花回报沃土，艺术奉献人民。”为了让“针尖扶贫”落到实处，我每年都要抽出一定时间，奔波于草原，深入大山。近几年，我在内蒙古、新疆、贵州、宁夏等地区，已累计培训了数万名绣娘。2019年，因为我深知这一年是中国扶贫的攻坚之年，所以我投入扶贫的时间和精力比以往任何一年都要多。广西柳州三江侗族自治县是我“针尖扶贫”的重点。我首先摸清当地民间刺绣的现状，了解到这里有广泛的刺绣群众基础。侗族的女性，不论老幼，都会刺绣，无论是样式还是内容，都较好地保留了侗族的民族文化传统。但她们的绣法还是最原始的单手刺绣的方式，她们的绣品还停留在自用层面。在与她们交流时，我拿过侗族妇女手上的绣活，自己试绣，发现了问题：原来，她们所用的绣品底料，是由三层布叠加而成，中间一层还是上了浆的厚布，使得侗绣底料又硬又厚，这就势必增加了绣花针扎进底料的阻力，这也是侗族刺绣扎针难、速度慢的根本原因。我认为，要让侗绣从自用转向市场，从私家

《丝绸之路——西出长安》

用品成为商品，就必须极大地提高效率。“一是底料要取消上浆厚布，二是刺绣要用绷架，三是单手刺绣要变为双手刺绣！”我精准地开出这三张“方子”，又手把手教会她们操作，让古老侗绣真正实现了“时代飞越”。侗绣在提升效率后开始走向“飞针走线”。

叶：您言传身教，让侗族绣娘亢奋起来。您不仅仅是在扶技、扶艺，更是在扶心、扶志、扶精神。

姚：优秀的文化理念、先进的技术技艺，改变了侗族妇女的观念，改进了她们的技艺，更重要的是激起了她们的文化自信和奋斗精神。当地文联副主席深有感触地对我说：“像你这样的大师，走进我们大山深处，帮助少数民族妇女提高刺绣技艺、提高信心，无疑是在进行文化、文艺造血啊！你是侗族绣娘的示范者、引领者，你让侗族女性激发起聪明与智慧，提升了人生价值。”我在 2019 年 12 月 7 日的日记中这样写道：“今天，侗族绣娘第一次公开亮相，利用双手实现了真正意义上的‘飞针走线’，我感到十分欣慰。从上绣绷、两只手同步到掌握拿针手势等，一步一步教起，无不倾注感情。真心希望她们的生活能因此而改变，绣出美好未来。”

叶：2019 年，您高高举起“针随时代”大旗，将无限心血化作篇篇苏绣华章，真不容易！

姚：2019 年，是新中国成立 70 周年，作为苏绣艺术家，当然需要表达情感，用绣针表达，用五彩丝线表达，表达儿女对母亲的挚爱。10 年前，为庆贺新中国成立 60 周年，我与朱龙泉先生合作，创作了大型苏绣作品《江山如此多娇》，画面内容是长江与长城。作品在全国巡展，最终被南京博物院收藏。这件作品表现的是长江一泻千里、长城万里巍峨的景象。10 年过去了，这 10 年中，我与朱龙泉为新中国 70 华诞献礼再创新作，中间从没停息过。我们不断地深入采风，不断地完善创作思路，总觉得要把黄河、长江、长城表现在一个画面上，缺了黄河觉得有所遗憾。这几年，我在西部行走，文艺扶贫，在匆匆行程中，耳畔经常回响起《黄河》音乐，滚滚黄河水，经常让我从梦中惊醒。中华民族是从苦难中、屈辱中走出来的，今天强大的中国是从贫穷落后中走出来的。不忘初心，就是要永远不忘祖国的沧桑，是母亲河的血泪孕育出了今天中国的强盛。于是，我决定和朱龙泉重新构思画面，以黄河为中心，黄河水与长江水交融，惊涛骇浪，浪击天涯，背景则为万里长城。10 年前的《江山如此多娇》是水墨画风格，这一次的《江山多娇》则是水墨画与中国画中青绿山水画的结合，体现了中华大地山更青、水更绿、景更美的意象。在这十年中，我在设计与刺绣人才队伍的培养建设上也花了不少工夫，像青年设计师李文博等为献礼祖国 70 华诞而设计的苏绣作品《锦绣河山》已被中国美术馆收藏。2019 年 4 月，在中新苏州工业园区建设 25 周年庆典上，中方向新方赠送苏绣作品《世纪之约》。这件作品是我率领 30 人团队，历时 3 个月创作完成的。用苏绣艺术描绘出邓小平、李光耀两位世纪伟人的形象，背景是由两国政府共同打造的苏州工业园区之繁华景象。7 月 19 日，由我牵头发起，把以刺绣为代表的中国传统优秀艺术精品集体送进国家艺术殿堂——中国美术馆，向祖国汇报，向全国人民汇报。展览得到中国民间文艺家协会、江苏省委宣传部、江苏省文联主办单位以及省、市、区相关单位的大力支持。“锦绣中华——刺绣精品展”以一个整体的刺绣行业形象亮相于中国美术馆，汇集了从新中国成立以来第一批国家级刺绣大师像徐绍青、李娥英、任嘒閒、顾文霞等老师，以及当代中青年、新生代全国各绣种代表人物如郝淑萍、李艳、康惠芳、陈水琴老师等的作品，其中还有联合四大名绣代表性传承人创作的作品《锦绣满园》，展现了锦绣四季的热烈繁盛之情，体现了当代中国刺绣艺术欣欣向荣的景象。此展成功把整体行业推到了一个高度，让全国人民都了解到中国刺绣的精湛性、艺术性、思想性、时代性。在展览开幕式上，我欣慰地说：“这次刺绣行业能集体走进中国美术馆，实现了我多年的愿望，虽然背后的过程很艰辛，但我能为刺绣人、能为推动刺绣行业发展做一点实实在在的事，我觉得再辛苦也是很值得的！”9 月，我此前领衔创作的《百鸽图》被送往中阿（联酋）产能合作示范园。这座为深化“一带一路”框架下中阿（联酋）产能合作而建设的示范园，寄托着两国的友好情谊。在刺绣画面上，象征友谊与和平的百鸽集聚，朝着一个目标奋飞，让这样的祝福更加具象。10 月，我为新中国成立 70 周年创作的大型苏绣主题作品《江山多娇》送展江苏现代美术馆，在由中国民协、江苏省委宣传部、江苏省文联等四部门主办，江苏省民协等五家单位承办的第五届东方工艺美术之都博览会上再放异彩。11 月，我率百人创作团队，历时两个多月创作完成的《草原上升起不落的太阳》巨幅绣品送达内蒙古自治区鄂尔多斯市。这是苏绣与蒙绣精彩碰撞诞生的精品，是苏绣与其他绣法融合、创造性转化、创新性发展的一次实践。这也是我所希望的“绣随时代”。

叶：谈到这里，我渐渐理解了您这位刺绣大师的博大胸襟和您的站位、您的追求。向您学习！向您致敬！

姚：叶主席，这是我应该做的。2019 年 11 月 5 日，在第二届中国国际进口博览会上，我的两件苏绣被作为国礼由中联部赠送给两位外国领导人夫人：《花开锦绣》如意座双面绣摆件赠送牙买加霍尔尼斯总理夫人，《花开时节》苏绣作品赠送希腊米佐塔基斯总理夫人。11 月 22 日，我创作的苏绣小型作品《玉兰飘香》通过泰王国驻南宁总领事赠送给诗琳通公主，祝贺诗琳通公主荣获“中国政府友谊勋章”。

叶：2019 年，您为中国留下了这样一些精美力作，也构成了您人生精彩的一年。请您再介绍一下您培育新苗，让苏绣新花在时代沃土上盛开的故事。

姚：“一花独放不是春，百花齐放春满园。”我思考最多的是传承，要让更多的年轻人爱上刺绣，爱上这一有中国特色的非遗项目。如何让更多年轻人喜欢苏绣？在我看来，只有让苏绣艺术融入当代生活，才能更好地为人民的美好生活服务。于是我腾出时间，集中精力，乐道于刺绣技艺的传播，培养接班人。几年来，以我的名字命名的苏绣志愿帮扶团队在内蒙古、新疆、贵州、宁夏等地培养出大批的绣娘。但是，每每出差外地，夜深人静时，我常会想起自己的女儿。大批人爱上刺绣，这其中没有自己的女儿，终究是件遗憾的事。我有两个女儿，她们自幼耳濡目染的便是妈妈做刺绣的辛苦，可以说，她们童年、少年的乐趣中少了妈妈的陪伴，因此两个孩子暗下决心，长大后绝不做绣娘。大女儿姚兰是清华大学美术学院研究生，曾留学法国，又进了苏富比艺术学院学习艺术管理。小女儿姚卓从美国加州州立大学视觉传达专业毕业。一句话，两个女儿都不想接我的班。我不甘心，我认真地

《中国梦・花韵系列》作品之一

找女儿们谈心，讲刺绣历史，讲自己感悟，讲年轻人的责任与抱负。像耐心教育少数民族姑娘学刺绣那样，认真说服两个女儿与自己“共舞”，直说得她们真心认同，下决心要和我一起把苏绣这一国家级非遗项目在新时代发扬光大。2019 年，姚兰带领年轻团队，要让“姚品牌”登上世界舞台。她与李文博一起，带领设计团队精心设计文创，将苏绣艺术与现代生活结合，推出了一系列文创产品，有刺绣沙发、屏风、服饰、床品、茶具、摆件、腕表、笔记本、团扇等等，件件都是艺术品，却又件件都是实用品。其中，由姚卓主设计的“墨韵”系列礼盒，包括胸针、丝巾、手包，还被外国元首夫人收藏。小女儿姚卓不仅参与设计，她还担当传承教育重任。每周开课，带好学员“入门苏绣”。一年来，共接收学员近千人。姚卓和小伙伴还与苏州相城区多所小学合作，推动苏绣走进校园，把非遗种子播撒在孩子们的心田。

叶：2019 年岁末，您在微信上与我通信息，我才知道您近两天的行程，真是一年到头匆匆，不偷懒。

姚：到了年末，更忙。12 月 26 日，我早晨 5 点起床，6 点从家出发，乘坐 7 点 27 分的高铁到北京；下午是中国文联文艺工作者职业道德建设委员会加强行业行风建设工作推进会暨职业道德建设联席会第一次会议；16 点 30 分离开会场，赶上北京到苏州的最后一趟高铁，到苏州北站是 23 点 07 分，到家 0 点 07 分。苏州到北京一天打了个来回。12 月 27 日，早上 8 点 40 分，我以苏州民间文艺家协会副主席身份，从家赶到苏州三元宾馆，参加市民协七届四次理事会；中午，赶到苏州博物馆，在我举办的“姚建萍刺绣艺术展”上接待嘉宾；接着，马不停蹄去赶 12 点的高铁到南京，参加江苏“汇鸿杯”创新设计大赛颁奖典礼，直到晚上 11 点才回到苏州家。两天的行程是那样匆匆，两天中所说之“家”，并不是卧室之家，而是工作之家。在我的工作室，近月来，近六十位绣娘分为三班，挑灯夜战，日夜兼程，分秒必争，正在赶制大型绣品《林海雪原》。我心系作品，所以无论时间早晚，我都必须到绷架前，仔细揣摩一番，或面授技艺，或电话沟通，我要让每一件苏绣作品少留遗憾。

叶：您的 2019 年，紧张而有序，匆忙又务实。作品精美，事业精进，人生精彩！

姚：2019 年 12 月 31 日，当我撕下月历的最后一页，轻轻闭上眼睛，长舒一口气，哦，我的 2019 年啊！可说是“难忘的 2019”。假如只能用两个字做概括，那就是：匆匆。假如能用四个字概括，就是：匆匆 + 匆匆。我就这样走进了火红的 2020 年。

夏翔

高级工艺美术师

# 因材施艺　精雕细琢

## ——对话苏州市民间工艺家夏翔

文／怀念

怀：请问您的从艺起点？

夏：1983 年 8 月在苏州市玉雕厂从事设计与制作工作，1993 年开设苏州市精艺轩工作室。

怀：请问您的师承关系？

夏：仿古琥珀的制作方面，古玉专家张永昌传技于其子张孝忠，张孝忠传技艺于我；琥珀雕刻技艺方面，瞿发林传技于杨振涛，杨振涛传技于我。

怀：请问您所从事艺种的历史？

夏：琥珀、蜜蜡雕刻在我国的历史非常悠久，我国很早就将琥珀作为装饰使用。在古代中国，琥珀常被用来制作念珠、护身符、祭神的供品，琥珀与金、银、珠宝、珊瑚、砗磲、琉璃被称为“佛教七宝”。

怀：请问您的获奖作品及代表作？

夏：代表作品有《达摩过江》《独占鳌头》《忆江南》《江南水乡韵》《秋岑幽居》《烟雨江南》《云龙》

夏翔，1964年生，苏州人。高级工艺美术师，苏州市民间工艺家，苏州天智堂工作室主人，苏州市工艺美术行业协会玉雕专业委员会常务理事。自幼喜爱书画，曾师从著名画家周天民学习绘画。1983年毕业于苏州工艺美术技校，后进苏州玉石雕刻厂工作。1993年创办了苏州市精艺轩工作室。在30多年的艺术生涯中，继承了苏作玉雕的技艺和独特的地方风格，大胆创新，将吴门书画、江南水乡等元素融入玉雕作品之中，取得了丰硕成果。代表作品有达摩过江、水乡系列和碧玉香薰、独占鳌头等，多次参展并获奖。

《碧玉香薰》《纵横天下》《双鹤得寿》等。

1987年，《岫玉松鹤同春》获省工艺美术百花奖。2007年，白玉《佛手》获“百花玉缘杯”中国玉石雕精品优秀奖。2008年，玛瑙鼻烟壶《寒江垂钓》获“百花三缘杯”中国玉石雕精品铜奖。2009年3月，白玉籽《独占鳌头》获“百花玉缘杯”中国玉石雕精品银奖。2009年，白玉《水乡》获江苏“艺博杯”工艺美术精品奖银奖。2009年，玉雕《忆江南》获中国玉器百花奖铜奖。2011年，玉雕《碧玉香薰》、玉雕《达摩过江》获工艺美术大师作品与工艺美术精品博览会金奖。2012年，墨玉《浅刻意境山水》获中国“子冈杯”玉石雕精品博览会银奖。2012年，白玉《吉祥子孙佩》获第七届中国民间工艺品博览会金奖。2012年，玉雕《江南印象》《龙凤对牌》获工艺美术大师作品与工艺美术精品博览会金奖。2013年，白玉籽料《江南水乡韵》获中国“子冈杯”玉石雕精品博览会银奖。2013年，和田籽料《仿古龙凤佩》获中国传统工艺美术精品展金奖。2014年，白玉籽《达摩过江》获“百花玉缘杯”中国玉石雕精品金奖。2015年，蜜蜡《麻姑献寿》获江苏“艺博杯”工艺美术精品奖银奖。2015年10月，蜜蜡《蝶恋蝉》获中国玉石雕刻“陆子冈杯”铜奖。2016年，蜜蜡《虎啸》获“百花玉缘杯”中国玉石雕精品铜奖等。

《麻姑献寿》

《江南水乡韵》

怀：请问您获得的荣誉称号？

夏：艺术品鉴定师，艺术品评估师，苏州民间工艺家，江苏省工艺美术学会会员，苏州市工艺美术行业协会玉雕分会副会长。

怀：请问您对所从事的艺种的观点和看法？

夏：我从事玉石设计、雕刻 30 多年，对玉石、琥珀、蜜蜡等材质的特性了如指掌，在实践中总结体会到，在设计与雕刻中，要遵循以下几个原则：一要因材施艺，借形造型，顺其之美；二要巧色巧用，借色发挥，突显主题。

**姚惠芬**

国家级非遗（苏绣）代表性传承人

# 勤奋学艺　精益求精

## ——对话国家级非遗苏绣代表性传承人姚惠芬

文／龚平

龚：姚老师好！认识您很长时间了，但一直没聊过您的从艺之路。

姚：我出生在一个苏绣世家。祖父从事刺绣设计，父亲在乡刺绣站当站长并设计刺绣画稿，母亲则在家绣花。我从小在母亲的绣花绷前长大，耳濡目染，拿着针线依样画瓢，认为刺绣只不过是为了贴补家用而已。直到一次偶然的机会，我在吴县刺绣厂看到了名画《蒙娜丽莎》的肖像绣，我被苏绣的神奇力量深深震撼了，从此，我下决心要学习肖像刺绣的技艺。

我是从 1977 年还在读小学时就开始学习刺绣的。1987 年高中毕业后，就正式走上了刺绣之路。1988 年冬天，为提高苏绣技艺，我从乡下来到苏州城内，拜沈寿第三代传人牟志红为师，学习仿针绣技艺。1994 年，我又拜中国工艺美术大师任嘒閒为师，学习乱针绣技艺。1998 年，我和妹妹姚惠琴在苏州高新区镇湖镇创办了当地首家集研究开发、生产销售于一体的绣庄——琴芬绣庄。

姚惠芬，女，1967年生，苏州人。研究员级高级工艺美术师，江苏省工艺美术大师。自幼即酷爱刺绣艺术，师从著名刺绣艺术家沈寿第三代传人牟志红学习刺绣艺术，后又拜师中国工艺美术大师任嘒閒。1998年创办琴芬绣庄。经过40多年的勤奋学艺，刺绣技艺有了长足进步。代表作品有肖像绣张大千像、董建华像，乱针绣泼彩红荷图、水乡、生态之殇、骷髅幻戏图系列等。2012年被认定为第四批国家级非物质文化遗产项目（苏绣）代表性传承人。享受国务院政府特殊津贴。曾被授予『中华巧女』称号，获评江苏省有突出贡献的中青年专家、首届姑苏文化产业领军重点人才。2018年被评为『江苏大工匠』。当选为『中国非遗年度人物』。

20多年来，我们琴芬绣庄先后为200多位本地和外地的绣娘安排了工作并给予优厚的待遇，先后免费培养了本地以及全国各地的学生共300多名。其中成为高级工艺美术师的有5名，成为工艺师的有8名，成为助理工艺师的有12名。从2015年开始，我还分别在江南大学、中国美术学院、苏州科技大学、陕西师范大学、云南艺术学院、西南民族大学和中国美术学院等院校授课，针对大学生和刺绣非遗传承人进行刺绣理论的讲解和刺绣技艺的培训，得到了大学生和刺绣传承人的一致肯定和好评。

龚：那您的传承谱系呢？

姚：我的传承谱系有两脉。1988年，我拜苏州刺绣研究所高级工艺美术师牟志红为师；1994年，我又跟随中国工艺美术大师任嘒閒老师学习乱针绣理论和技法。由此，我既学到了苏绣的诸多理论知识，也全面掌握了苏绣传统的几十种针法，为今后的苏绣创作打下了坚实的基础。因此，我有一脉的传承是从仿真绣创始人沈寿到金静芬，再到牟志红，我是第四代传人；还有一脉的传承是从乱针绣创始人杨守玉到虚实乱针绣首创者任嘒閒，我是第三代传人。

《静物瓶花》

龚：请谈谈您的获奖作品和代表作。

姚：从 1991 年至今，我创作的苏绣艺术精品几十次荣获各级工艺美术奖项，主要有：1995 年，肖像绣《张大千像》获首届“中华巧女”手工艺品大奖赛一等奖；1999 年至 2001 年，绣品《董建华像》《泼彩荷花》《水乡》等分别荣获首届至第三届的中国国家级工艺美术大师精品展金、银、铜奖，我成为当时苏州市在此展项中获奖最多的工艺新人；2009 年至 2010 年，又连连获得殊荣，绣品《素描少女像》《静物瓶花》获得第十届、第十一届中国国家级工艺美术大师作品暨国际艺术精品博览会金奖，绣品《葡萄少女肖像》获第六届中国（深圳）国际文化产业博览会——中国工艺美术精品展金奖，绣品《姑苏繁华图》获第五届中国民间工艺品博览会金奖；2011 年至 2012 年，绣品《水巷之晨》《佛影》连续获得两个年度的江苏省工艺美术精品博览会金奖；2013 年至 2018 年，绣品《凝神》获第十四届中国工艺美术大师作品暨国际艺术精品博览会金奖，绣品《写意牡丹》获 2014 中国（青岛）工艺美术博览会金奖，绣品《生态之殇》获中国民间文艺最高奖山花奖，简针绣作品《达·芬奇素描系列》获第十八届中国工艺美术大师作品暨手工艺术精品博览会百花奖金奖；2018 年，与姚惠琴合作的《骷髅幻戏图系列》获第三届中国文化学院奖“传统工艺振兴项目”金奖。

我还多次作为苏绣的形象大使赴美国、法国、意大利、英国和俄罗斯等国进行文化交流。我的作品已被大英博物馆、伦敦大学美术馆、苏州博物馆等国内外多家博物馆、艺术馆及美国前总统小布什、建筑设计大师贝聿铭等名人收藏。

龚：请结合您的代表作，谈谈您的艺术特色和对苏绣发展、创新的主要贡献。

姚：我在刺绣创作中，非常注重新的创作理念对刺绣创新的作用。近 10 多年来，我重点研究刺绣针法的运用方法，结合在清华大学美术学院学习的东西方绘画理论，对人物肖像与中国水墨写意刺绣的创作进行了深入的探索，首创了简针绣技法。创作出了一批如《简针绣系列》《写意水墨系列》《苏州新梦——园林组画》《骷髅幻戏图系列》等具有高度艺术性和创造性的刺绣作品。

在 2017 年 5 月开幕的第 57 届威尼斯双年展中国馆中，我和妹妹姚惠琴带领我们的绣娘团队创作的 34 幅苏绣艺术品一起亮相，成了此次中国馆展示作品的一大亮点。这是苏绣第一次进入有百年

《写意牡丹》

历史的世界顶级的艺术大展，也是苏绣在和当代艺术的融合中获得承前启后发展的一个重要标志。

在这次展览中，我们姐妹俩创作的《骷髅幻戏图系列》引起了很大的反响与关注。这组作品运用了几十种传统的针法去构成画面，表现意象，一方面将传统技艺重新挖掘、重新组合，让传统刺绣语言——针法作为创作的特殊媒介焕发出新的生命；另一方面，此次传统针法在全新创作理念的指导下进行了逆传统刺绣方式的创作，其全新的表现形式与审美内涵有了前所未有的突破和建构，是继沈寿仿真绣、杨守玉乱针绣、任嘒閒虚实乱针绣之后又一次苏绣艺术的创新实践，是传统苏绣在重新回归本体性创作过程中全新的创造与升华，被视作苏绣发展史上一个新的里程碑。

苏绣艺术品《生态之殇》是对当今环境污染所造成的让人触目惊心的景象的生动反映，警示人们要时时刻刻保护好生态环境，营造好美丽的家园。作品具有生动的艺术感染力和生命力。绣品采用多种色线，运用细乱针、交叉针、套针、施针等多种苏绣传统针法。灵活多变的技巧,让密集的粗细不等的各色丝线得以重叠，纵横交叉，排列有序，层次清晰，使整幅画面色、光、影浑然一体，以丰富的刺绣语言表现出令人震撼的视觉冲击力，给人们提供了一幅警世之作。绣品在 2014 年首届中国（苏州）民间艺术博览会上亮相，深受各界人士的好评，并荣获第十二届中国民间文艺山花奖。

龚：您从艺 40 多年，对苏绣的传承、发展做出了贡献，也一定得到了许多荣誉。

姚：我是研究员级高级工艺美术师。2011 年，被评为江苏省工艺美术大师；2012 年，被认定为国家级非物质文化遗产项目（苏绣）代表性传承人；2015 年起，享受国务院特殊津贴；2018 年，被评为“江苏大工匠”；2019 年，当选为“2018 中国非遗年度人物”。